Pascal Rodné

Dieu, existe-il réellement ?

Pascal Rodné

Dieu, existe-il réellement ?

Éditions Croix du Salut

Imprint
Any brand names and product names mentioned in this book are subject to trademark, brand or patent protection and are trademarks or registered trademarks of their respective holders. The use of brand names, product names, common names, trade names, product descriptions etc. even without a particular marking in this work is in no way to be construed to mean that such names may be regarded as unrestricted in respect of trademark and brand protection legislation and could thus be used by anyone.

Cover image: www.ingimage.com

Publisher:
Éditions Croix du Salut
is a trademark of
Dodo Books Indian Ocean Ltd. and OmniScriptum S.R.L publishing group

120 High Road, East Finchley, London, N2 9ED, United Kingdom
Str. Armeneasca 28/1, office 1, Chisinau MD-2012, Republic of Moldova, Europe
Printed at: see last page
ISBN: 978-620-6-17106-5

Pascal Rodné

Dieu existe-il vraiment ?

Dieu existe-il vraiment ?

Introduction

Qui est Dieu ? Spinoza, dans son ouvrage majeur intitulé « Ethique » développe sa vision moniste de Dieu en tant que substance infinie.

Jean jacques Rousseau dans le « Contrat Social » discute de la notion de Dieu comme législateur suprême.

Et selon certains dictionnaires Dieu est considéré comme l'être suprême, créateur et souverain de l'univers. Il est l'objet de culte dans différentes religions.

Pouvons-nous parler de Dieu sans évoquer l'homme ? Qui est-il, l'homme ?

Selon le dictionnaire le Robert l'homme est un être (mâle ou femelle) appartenant au règne animal. C'est un mammifère primate de la famille des hominidés. Ou encore l'homme c'est l'être humain en général.

Selon F. Wolf dans son livre intitulé la question de l'homme aujourd'hui, les hommes ne sont pas des animaux comme les autres puisqu'ils sont capables, d'après même ses arguments, d'agir selon les normes, et des valeurs morales. Ils sont capables de penser scientifiquement, c'est-à-dire selon les procédures universelles de vérification. Ils sont des vivants dotés de raison et de langage.

Selon Société suisse de bioéthique dans les actes du congrès de Lausane intitulé « L'embryon, un homme » l'homme est un être vivant qui se distingue des autres êtres par le fait qu'il est corps et esprit. Il est un être unique plein de dignité et de liberté qu'on ne peut réduire à un animal ou à un objet matériel.

Selon Michel Haar dans son œuvre intitulé « Heidegger et l'essence de l'homme », l'homme est un être créé à l'image de Dieu. Il n'a pas seulement une nature mais une relation essentielle à la surnature, à la transcendance. Ce qui signifie qu'il est un être doué de raison.

Nous constatons alors que l'homme est l'être qui transcende tout autre être vivant ou non-vivant. Sa capacité de penser de raisonner lui donne cette supériorité par rapport aux autres êtres. Présentement la question qui se pose s'impose pourquoi cet être doué de raison a-t-il vraiment été créé ? selon le livre de la genèse il est dit que Dieu créa l'homme à son image : « homme et femme il les créa » (genèse 1 :27). Et pourquoi une telle dignité ? Puis Dieu dit faisons l'homme à notre image, selon notre ressemblance, et qu'il domine sur les poissons de la mer, sur les oiseaux du ciel, sur le bétail, sur toute la terre, et sur tous les reptiles qui rampent sur la terre (Genèse 1, 26). Voilà pourquoi dieu a créé l'homme, pour qu'il puisse l'aimer, le contempler à travers la création. Il lui confie une mission celui de gérer la création. Mais l'homme a-t-il respecté les injonctions de Dieu, qu'est-ce qui lui est arrivé ?

Ils ont mangé le fruit qui leur a été interdit par Dieu. Et dieu leur a infligé une correction. « L'éternel Dieu dit au serpent : puisque tu as fait cela tu seras maudit entre tous les bétails et entre tous les animaux des champs, tu marcheras sur ton ventre, et tu mangeras de la poussière tous les jours de ta vie. Il dit à la femme : j'augmenterai la souffrance de tes grossesses, tu enfanteras avec douleur, et tes désirs se porteront vers ton mari, mais il dominera sur toi. Il dit à l'homme : puisque tu as écouté la voix de ta femme, et que tu as mangé de l'arbre défendu, tu n'en mangeras point. Le sol sera maudit à cause de toi. C'est à force de peine que tu en tireras ta nourriture tous les jours de ta vie. (Genèse 3 :14-17)

Dieu était là, il était présent. Mais de nos jours, on dirait qu'il n'y est point. Les hommes font, à leur guise, tout ce qui leur semble bon pour se satisfaire, pour se faire plaisir. On dirait qu'ils vont même au-delà de ce qu'ils sont réellement. Il cherche à bouleverser l'ordre des choses. Il fait des inventions extraordinaires, pratique des actes sexuels quasi immoraux. Ils sont en quête d'un bonheur, un bonheur qu'il ne trouvera peut-être nulle part ou jamais. Le monde, grâce ou à cause de l'homme est transformé. Plus besoin de respecter les règles morales. Le monde est bouleversé. Il y a de la guerre partout. Des centaines de millier de vies qui disparaissent, des rêves qui s'effondrent. Les hommes se déchaînent l'un contre l'autre. Nous avons vu que dans la genèse dès le commencement Dieu faisait sentir sa présence promptement après que Adam et Eve aient mangé le fruit de l'arbre défendu. Chacun d'eux avait reçu sa part de sentence. Dieu était là présent, il surveillait sur le bien-être des hommes. Il les effrayait par sa forte présence, par la force redoutable de sa voix. Même le serpent l'emblème vivant du démon était effrayé par sa présence. Oui, les créatures avaient froid dans le dos, ils avaient la peur au ventre quand ils ont entendu la voix du tout-puissant. Mais aujourd'hui on se demande où est ce Dieu ? Où s'est-il caché ? Pourquoi il n'a pas réagi face à nos stupides iniquités. Pourquoi il ne dit mot ? Le monde est sens dessus-dessous et il ne sanctionne pas les méchants comme il l'a fait pour Adam et Eve. Des innocents sont morts par millier, des enfants qui, à peine nés, n'ont pas eu le temps de dire bonjour à la vie. Pourquoi tant de maux et Dieu ne réagit pas ? Ces différentes questions nous incitent à aller plus loin dans notre réflexion. Nous nous demandons est-ce que Dieu Existe-il vraiment. Est-ce qu'il avait vraiment existé un jour ?

Pour répondre à cette question qui nous tourmente, qui nous tient à cœur et qui, indubitablement, a le même effet sur beaucoup d'entre nous, nous l'avons décortiqué en plusieurs point ou chapitre. Dans le chapitre premier nous aborderons cette question : un bon Dieu, peut-il tuer ? Dans le second, nous aborderons la liberté de l'homme, et l'amour divin. Dans le troisième l'extension du pouvoir du mal et le non-respect de la vie humaine. Dans le quatrième, la profanation des lieux dits lieux saints et des prières non exaucées. Dans le cinquième, la supériorité et l'infériorité entre les races humaines. Dans le sixième, la manipulation des déshérites et la question : Karma ou Dieu ?

Nous prendrons le soin d'aborder tous ces points qui vous feront rentrer vous-même dans cette même réflexion, sur l'existence de Dieu qu'on nomme le tout-puissant. Beaucoup de chrétiens vont nous en vouloir à cause de ce sujet parfois considéré comme tabou mais nous avons quand même l'audace de questionner notre foi en abordant ce sujet si délicat. Nous pensons qu'un vrai chrétien c'est celui qui prend du temps à questionner sa foi dans l'objectif de grandir, d'avoir une foi plus ferme. L'art de questionner l'existence des autres êtres et de se questionner soi-même est du domaine de l'homme. Qui n'a jamais osé poser des questions ou se poser des questions ? Peut-être les êtres inanimés.

Dieu existe-il vraiment ?

Je me rappelle dans un cours de philosophie, le professeur disait -parlant des hommes- que nous sommes tous des êtres intra-distants, des produits non achevés. C'est-à-dire nous sommes portés à réviser le passé, à analyser le présent et de voir ou prévoir le futur. Pour aller plus loin cela explique qu'en tout homme il y a un philosophe, un être capable de réfléchir. Et la philosophie elle-même est pour l'homme une façon d'exister dans le monde. Se poser des questions est donc évident.

Chapitre I

Un bon Dieu, peut-il tuer ?

Le mot bon est un adjectif qualificatif, c'est l'opposé de mauvais. Etre bon c'est être favorable, utile avantageux. C'est aussi avoir des qualités conformes à ce que l'on attendait. Alors un bon Dieu est un Dieu qui fait preuve de qualités avantageux et favorables à l'égard des hommes. C'est un Dieu miséricordieux, un Dieu qui guide, qui protège. Un Dieu qui sait aimer. Et pourquoi tuer si l'on aime ? Un dieu est un modèle et il le dit lui-même nous sommes créés à son image. Si dieu peut tuer et nous les hommes on est libres de faire pareil. Dans l'ancien testament, la bible nous présente un Dieu qui tue, un Dieu qui fait la guerre, un Dieu d'épée, belliqueux. Voyons voir.

"L'éternel me dit : ne le craint point ; car je le livre entre tes mains, lui et tout son peuple, et son pays ; tu le traiteras comme tu as traité Sihon, roi des Ammoréens qui habitait à Helson.(Deutéronome 3 : 2)

Et l'Eternel, notre Dieu, livra encore entre nos mains Og, roi de Basan, avec tout son peuple ; nous le battîmes, sans laisser échapper aucun de ses gens. (Deut. 3 :3)

Nous prîmes alors toutes ses villes, et il n'y en eut pas une qui ne tomba en notre pouvoir : soixante villes, toute la contrée d'Agob, le royaume d'Ogen Basan. Toutes ces villes étaient fortifiées de hautes murailles, des portes et des barres ; il y avait aussi des villes sans murailles en très grand nombre. (Deut.3 : 4-5)

Nous pillâmes pour nous tout le bétail et le butin des villes. (Deutéronome 3, 7)

Réfléchissons un peu. Etait-ce vraiment un dieu qui agissait ? Tous ces actes de barbare avaient vraiment la main de Dieu là-dedans ? Un dieu qui priorisait une partie des hommes qu'il a créés à son image. Pourquoi ce Dieu se mettait aux côtés d'une nation pendant qu'il maltraite les autres. N'étaient-ils pas eux aussi faits de ses mains avec la même boue ? pourquoi décide-t-il de les détruire pour le bien-être de quelques-uns, d'un groupe ?

Dieu existe-il vraiment ?

Un Dieu partisan. Ce Dieu qu'on nous donne et qu'on nous impose dans l'ancien testament n'est du tout pas un Dieu de cœur. Pourquoi fait-il des ennemis avec son soit disant peuple choisi ?

Chaque homme, chaque femme, chaque enfant possède une vie. Une vie que tout un chacun n'aimerait pas perdre. Tout le monde cherche à protéger sa vie tant précieuse. Cette vie n'est-elle aussi importante pour Dieu ? Pourquoi incite-il son peuple à prendre les armes pour chasser, tuer les autres peuples qui étaient considérés comme des méchants, des va-t-en-guerre ?

Ce peuple qui a été choisi, nous ne savons pas trop pourquoi, s'était converti en peuple criminel. Il détruit des vies, et les villes, il les assiège. Ce peuple était devenu égoïste, car il ne voyait que lui-même. C'était lui l'élu de dieu et les autres peuples n'étaient que des ennemis farouches de Dieu. Dans la bible on ne parlait que du peuple hébreu comme peuple de Dieu. Et les autres, qu'est-ce qu'on en fait ? Ils étaient les peuples de qui, de satan, des autres dieux ? Et Pourquoi ? Oui, pourquoi étaient-ils considérés comme des peuples maudits ? Pourquoi Dieu a-t-il fait choix d'un peuple, le peuple d'Israël ? N'était-il pas aussi un peuple pécheur ? Pourquoi cette prédilection ? On dirait que ce choix est nettement un choix humain. Nous ne pouvons pas parvenir à imaginer comment un bon Dieu, un Dieu d'amour, de miséricorde puisse agir de telle sorte. Ce dieu semble avoir été modelé, façonné par les humains. Moise n'est-il pas coupable ? Ne pensez-vous pas que Moise, le leader de ce peuple, utilisait des techniques pour apaiser ce peuple qui pourrait à tout moment se ruer sur lui ? Moise pourrait lui-même inventer son Dieu rigoureux afin de leur faire peur des châtiments qui à tout moment peuvent s'affaisser sur eux. Pourquoi le Dieu de Moise se montrait si méchant, si colérique ? Pourquoi était-il obligé de saper d'autres peuples en faveur de son peuple aimé ?

Aujourd'hui, nous les humains, nous ressemblons à ce dieu vengeur, tueur. Nous détruisons les autres pour notre bien personnel, pour notre avantage, pour faire notre beurre. Chacun se soucie seulement de sa santé, de sa poche, de sa propre vie. Nous oublions les autres nous sommes des égos et non des altruistes. Nous nous détruisons nous même, faute d'harmonie. Quotidiennement nous rencontrons des cas de méchanceté, des actes odieux l'un plus grave que d'autres. Nous reproduisons ce que faisait Dieu dans l'ancien testament ; détruire l'autre pour s'y mettre. Nous sommes l'image de Dieu. Nous cherchons à agir comme lui.

Est-ce que Dieu peut nous condamner ? Est-ce que le Dieu de Moise, d'Abraham, de Jacob, de Joseph peut vraiment nous juger ? Puisque nous sommes son image nous ne faisons que quasiment les mêmes actes qu'ils faisaient dans l'ancien testament. Dieu n'est pas différent de nous les humains. On dit souvent au lieu de passer des ordres, de commander les autres il vaut mieux de leur donner l'exemple, de faire le premier pas. Est-ce que le Dieu du nouveau testament peut être notre modèle ? Est-ce qu'il peut vraiment être notre spécimen ? Dans l'exode 21 : 12 la bible dit : qui frappera un homme à mort sera puni de mort. Depuis l'ancien testament il y avait déjà ce qu'on appelle aujourd'hui peine de mort. Est-ce qu'un dieu peut-il accepter ce genre de pratique ? Où est son pardon ? Ne devrait-on pas pardonner et appeler l'autre à la conversion ? Puisque Dieu est bon, pourquoi était-il obligé de donner cette loi à Moise ? Un dieu qui demande de tuer ? Voyez-vous cette loi comme une loi divine ? Dieu, était-il vraiment dedans ? pourquoi n'avait-t-il pas demandé à Moise de punir celui qui tue un autre homme d'une autre façon autre que la mort ? Nous le disons car un bon Dieu ne peut pas se réjouir dans la mort de quelqu'un même s'il était le plus grand sadique du monde. Un bon Dieu attend toujours que ses fils et ses filles reviennent à lui afin qu'il puisse les laver de leurs fautes, de leurs gaffes. Est-ce que le Dieu de l'ancien testament était vraiment un Dieu d'amour ? Est-ce ce même Dieu qui s'incarne dans le nouveau testament ? Dans ce dernier Jésus, le fils de Dieu D'Abraham, d'Isaac, de Jacob, …est un agneau. C'est un Dieu de pardon, de cœur. Il appelle tout le monde à manger de son corps pour pouvoir vivre éternellement. « Je suis le pain vivant descendu du ciel, celui qui mange de ce pain vivra éternellement », dit-il. (Jean 6 : 51).

Existe-il deux dieux différents ? Jésus contredit ce qu'on dit dans l'ancien testament. « Vous avez appris qu'il a été dit : œil pour œil dent pour dent. Mais moi je vous dis de ne pas résister au méchant. Si quelqu'un te frappe sur la joue droite, présente-lui aussi l'autre. » (Mathieu 5, 38). Dans l'ancien testament il existe une version pour l'offense et dans le nouveau il en existe une autre. La version du nouveau testament invite et incite à un conflit continu. Si tu me coupes le doigt je dois te couper le tient aussi. La punition à l'acte posé sera proportionnelle et de même poids. Il existe un équilibre entre la mauvaise foi et la punition qui sera infligée. Cette pratique ne fait plus appel au pardon, à la pitié. Elle fait appel à la vengeance. Les humains pourraient instituer une telle loi. Mais Dieu pourrait passer par un autre chemin par exemple : la réconciliation. Par contre c'est le contraire. C'est une invitation au combat. Un combat a n'en point finir. Dieu pouvait-il vraiment se planquer derrière une telle pratique ? Et pourquoi si c'est bien vrai, prendrait-il plaisir à regarder les hommes s'entretuer ? Le Dieu de l'ancien testament aime-t-il vraiment la bagarre ? Est-ce que notre situation actuelle le corrobore ? Nous qui sommes empêtrés dans une boue puante qu'est l'insécurité sur toutes ses formes, est-ce le dessein de Dieu. Est-ce le plan de Dieu ? Nous en doutons fort. Est-ce que le peuple Israël avait vraiment un Dieu ? Ou n'est-ce pas les leaders qui leur font croire que Dieu existe ? Un dieu fort, un Dieu dont la voix ressemble au tonnerre, dont la colère est redoutable. Un Dieu qui fait peur. Avons-nous besoin d'un dieu autoritaire ou d'un Dieu Bon, compatissant ? Le dieu d'Abraham utilisait sa force pour chasser les autres peuples. Pourquoi était-il toujours sur le point de tuer, de détruire la vie des autres qui ne sont pas de son clan ? Le peuple Israël se trouvait dans l'obligation de le servir. On lui avait imposé ce dieu terroriste. Et il ne pouvait en aucun cas servir d'autres dieux. Sinon il périra. « Tu n'auras pas d'autres dieux devant ma face. » (Ex. 20, 3). Un Dieu soldat qui s'impose.

Si nous prenons le nouveau testament maintenant, nous verrons un Dieu qui appelle à l'humilité, à la repentance, a la réconciliation à la non-violence. Ce Jésus dont le cœur est bourré de compassion, d'amour, de pitié, n'est-il pas le fils du Dieu de l'ancien testament ? ne fait-il pas qu'un avec lui ? Pourquoi dans l'ancien testament Dieu est un dieu vengeur, toujours prêt à défendre son peuple, pourtant dans le nouveau on nous donne un Dieu doux, sage, et qui aime ? Jésus le fils du Dieu d'Abraham ne cesse d'appeler les gens à la repentance. Il était venu pour sauver les indigents, guérir ceux qui sont malades, délivrer ceux qui sont persécutés et possédés. Bien que certaines personnes ne l'aient pas vraiment vu de bon œil, ses actions prouvaient qu'il était de bon cœur. Un homme-Dieu qui cherche à aimer et non à se faire aimer. « Je suis venu afin que les brebis aient la vie, et qu'elles soient dans l'abondance. » Dit-il (Jean 10, 10). Jésus le bon berger était venu sauver ses brebis. Il n'était pas venu avec son épée à double tranchant pour faire respecter les lois, pour les infliger la peine de mort. Mais il était venu pour s'occuper sans aucune violence des pauvres qu'il appelle ses brebis. On ressent que dans son cœur l'amour d'autrui coule à flot. Sa passion est de voir vivre les gens dans une harmonie parfaite et non dans la mésentente." Mais je vous dis aimez vos ennemis faites du bien à ceux qui vous haïssent. » (Luc 6 : 27). Quelle philosophie existe-t-il chez cet homme-Dieu ! Si les hommes s'aiment mutuellement il n'y aura plus de haine entre eux. L'homme ne sera point un loup pour l'homme. Aimer ses ennemis n'est pas du tout une chose facile. Mais il le demande. C'est ce qu'il veut. Et c'est ce qui est avantageux pour nous les hommes. Si tout le monde aimait tout le monde, si tout le monde voulait voir l'autre vivre tranquillement, si tout le monde aimait voir progresser tout le monde, la vie serait trop belle, trop sublime. Ce Jésus est un génie. Faites du bien à ceux qui vous haïssent ; voilà encore quelque chose de très complexe. Comment arriver à faire du bien pour son ennemi ? Parfois quand on cherche à se rapprocher de son ennemi cela donne une impression laxiste. Avec Moise c'était dent pour dent œil pour œil. On s'affronte. On faisait appel à la force, à la brutalité. Mais avec Jésus on doit se pardonner, s'aimer. C'est beaucoup demandé. C'est trop complexe. Jésus lui aussi le sait mais quand bien même il le demande. Il sait que c'est dur, mais son amour est trop fort pour regarder les hommes qui s'entretuent. Cette apparence divine lui donne la qualité d'un bon Dieu, d'un dieu fort non pas de par son sabre tranchant mais de par son amour.

Un Dieu qui aime ne peut pas avoir de prédilection. Choisir un peuple parmi les autres peuples se révèle d'une action politique. Dieu est Dieu de tout le monde. Il nous a tous créés à son image. Pourquoi il aurait un tel comportement envers les autres peuples ?

Dieu existe-il vraiment ?

Dieu, peut-il haïr. Peut-il aimer une portion au détriment des autres ? Si Dieu qui est Dieu et qui est soit disant un père qui a bon cœur agit de la sorte et nous, les humains, qui sommes nés pécheurs ? Et nous qui sommes dans le monde sensible, dans ce monde où beaucoup de choses nous tentent ? N'est-ce pas normal si nous nous détruisons pour nous procurer des biens, des choses vaniteuses que nous allons tous laisser au dernier jour ? Le Dieu de l'ancien testament qu'on nous a forgé n'est pas du tout le Dieu des vivants, le Dieu qui se dit bon. Nous n'arrivons pas à cerner comment un bon dieu peut-il arriver à détruire de ses propres mains des gens qu'il se dit aimer. Comment l'amour peut-il se mélanger avec la haine ?

Dieu pourrait sauver le peuple Israël de la main du roi Pharaon sans passer par la violence. « Il a lancé dans la mer les chars de Pharaon et son armée ; ses combattants d'élite ont été engloutis dans la mer rouge. »(Exode 15 : 4). Un Dieu qui se complait en la violence. Un dieu est un être de pouvoir, il est puissant. Heureusement on nous dit que ce Dieu, le Dieu de Moise est tout-puissant. C'est-à-dire il peut tout. Pourquoi il n'avait pas fait usage d'autres stratégies pour retirer les hébreux sous les griffes de Pharaon. Dieu et Pharaon avaient le cœur dur. Pendant que Pharaon et lui se livrent au combat, le peuple souffrait encore. Il était encore dans la servitude, au joug de Pharaon et de son peuple. Semblerait-il que le Dieu d'Abraham aime tout faire à partir de la violence.

Ceux qui aiment faire souffrir ou prendre plaisir à voir souffrir les autres sont des sadiques, des psychopathes. Les actes du dieu du nouveau testament n'appellent qu'à la violence. Dirait-on la violence était de mise. La raison du plus fort était la meilleure. Le plus faible passe même s'il a raison. La violence dont nous subissons tous aujourd'hui à sa racine dans l'ancien testament. Pour arriver à la terre promise le peuple Israël a fait gicler beaucoup de sang et la main de Dieu y était. Est-ce que la vie d'un homme n'avait pas beaucoup d'importance aux yeux de Dieu, lui qui donne vie ? Pourquoi était-il si hostile ? Chaque cri, chaque pleure, chaque goutte de sang devrait traverser le cœur de Dieu comme un coup d'épée de l'ennemi. Cela devrait toucher Dieu jusqu'à ses entrailles. Car la vie d'un homme c'est la vie même de Dieu, c'est son souffle. On n'a jamais dit que Satan avait créé des hommes lui aussi. S'il l'avait fait on pourrait comprendre que Dieu était en train de détruire les fils du diable qui seraient sans doute des diables. Mais tous ses gens qui ont été tués par la force redoutable de Dieu étaient tous ses filles et ses fils. Avoir le courage de détruire ses propres enfants est un acte barbare. Détruire, faire gicler son propre sang revient des masochistes. Cette attitude humaine ne mérite pas de faire accompagner le mot Dieu de l'adjectif bon. Etant Dieu bon il a le pouvoir de tout faire sauf le mal.

Dieu on peut le dire est un Dieu amour. Pourquoi ? Parce qu'il a jugé bon de nous créer. Et ce qui est intéressant c'est qu'il nous a créés à son image. Si la bible nous dit que Dieu nous créés à son image et c'est ce même Dieu qui nous détruit par sa main il y a une confusion. Dieu est tout-puissant il a la capacité de prévenir. Pourquoi il a créé l'homme sans savoir qu'il allait le nier, faire des choses inadmissibles ? Ne savait-il pas que l'homme allait s'écarter de lui en faisant des choses malhonnêtes. Dieu avait détruit toute chair ayant souffle de vie sous le ciel. « Et moi, je vais faire venir le déluge d'eaux sur la terre pour détruire toute chair ayant souffle de vie sous le ciel ; tout ce qui est sur la terre périra. » (Genèse 6 :17). C'est vrai l'homme pourrait être méchant mais Dieu ne peut pas être pire que l'homme. Dieu de par sa toute-puissance pourrait utiliser d'autre moyen pour amener l'homme à lui. Est-ce que la méchanceté de l'homme est plus forte que l'amour de Dieu ? Etait-ce le seul moyen d'avoir un répit avec les hommes ? Est-ce que les hommes peuvent dépasser Dieu ? Si Dieu est omnipotent pourquoi il n'avait pas su que l'homme allait le mettre en colère. Ainsi il n'allait pas perdre son temps à le créer. Est-ce la violence ou l'amour qui est la force de Dieu ? Dans l'ancien testament c'est la violence qui triomphe et non l'amour. Cela donne l'impression que ceux qui adoraient Dieu ne le faisaient pas par amour mais par peur d'être tombés sous sa colère.

Si nous prenons le temps d'aller plus loin, d'essayer de transcender notre foi, nous pourrons remarquer que le Dieu du nouveau testament pourrait être un mythe. Le Dieu de Moise, d'Abraham, d'Isaac, de Jacob … pourrait être un Dieu inventé, imaginaire. Les leaders du peuple Israël comme nous l'avons si bien dit peuvent toujours utiliser cette stratégie pour pouvoir faire peur aux gens. Pourquoi disons-nous cela ? Parce qu'un bon Dieu ne peut pas être si cruel. C'est vrai on dit qui aime bien châtie bien. Mais les châtiments de Dieu étaient trop proches de la violence. Ce n'était pas tout à fait l'attitude d'un bon Dieu. C'était un Dieu de tonnerre, un dieu dont les lois font froid dans le dos. Etant donné que le peuple hébreu dont on parle dans la bible était un peuple rebelle, pour les faire marcher dans la droiture on utilise de la violence. Et cette loi l'explique bien ; œil pour œil dent pour dent. Tu me frappes je te frappe. Tu me coupes l'oreille je te coupe la tienne aussi. Tu me tues on doit te tuer aussi. Dites-vous bien que cela ne vient pas d'un Dieu qui est bon. Il n'y a pas de grande différence entre le diable qui veut à tout prix semer la terreur entre ce Dieu dont on prône la bonté et ceci jusqu'à nos jours.

Le Dieu du nouveau testament peut se déclarer bon. Car il le prouve de par ses actions bienfaitrices. Il ne nous demande pas de nous entretuer mais de pardonner. Il ne nous demande pas de chasser l'ennemi mais de l'accueillir. Il n'est pas venu nous mettre les bâtons dans les roues, mais il est venu nous sauver, nous guérir, nous donner la vie. Le Dieu du nouveau testament et celui de l'ancien testament sont deux dieux différents de par leurs actions. Et on nous fait savoir qu'ils ne font qu'un. La confusion est totale. Un dieu qui était comme un lion est devenu un agneau. De toute façon dans l'ancien testament les hommes n'étaient pas libres. Un dieu leur a été impose.

Chapitre II

La liberté des hommes

Le substantif liberté, d'une manière générale fait référence à l'état de ne pas être asservi, restreint ou opprimé. Sur le plan politique et philosophique, elle peut se référer à l'absence d'entrave, à l'autonomie individuelle, à la capacité de prendre des décisions sans contraintes excessives, et parfois à la participation, à la prise des décisions collectives.

Pour Jean Jacques Rousseau, la liberté est liée à la notion de souveraineté du peuple. Dans son ouvrage majeur, « Du contrat social » Rousseau soutien la thèse selon laquelle la liberté individuelle peut être préservée en se soumettant à la volonté générale de la communauté.

John Stuart Mill, un philosophe et économiste britannique, dans son œuvre ayant pour titre « De la liberté » (on liberty) défend une conception libérale de la liberté. Selon lui, la liberté c'est la capacité que possède chaque individu d'agir selon sa propre volonté, à condition que ses actions ne causent pas de préjudice à autrui.

On nous a fait comprendre que dieu a créé l'homme libre. Si Dieu nous a créés libres et que nous pouvons agir selon notre volonté quel est lui-même sa place dans notre vie ? Est-ce lui qui nous punit quand nous sommes fautifs ? Est-ce lui qui nous châtie quand nous agissons mal ? Ou c'est la conséquence de nos gaffes que nous subissons d'une manière naturelle. Si nous sommes libres et que nos punitions viennent des conséquences de nos actes, nous n'avons nulle part besoin d'un Dieu. Et l'existence de Dieu lui aussi doit être controversée. Pourquoi avons-nous besoin d'un Dieu si nos punitions ou nos récompenses dépendent de nos actes ? Peut-être que c'est nous les hommes, pensant que nous sommes faibles, et pour arriver à nos destinations, croyons qu'on a besoin un être plus fort que nous. Et nous imaginons ou de préférence nous créons un être dans notre Esprit que nous appelons Dieu. Tout ce qui nous arrive de bien vient de lui.

Dieu existe-il vraiment ?

Et si nous sommes créés réellement libres, cette liberté nous dépasse vachement. Parfois nous agissons sans nous rendre compte que ce que nous faisons va retourner contre nous ou va agir négativement sur toute une population. Cette liberté dont nous sommes possesseurs nous conduit à la dérive. Si Dieu nous a créés libres c'est qu'il pense en tant que Dieu que nous n'allons pas courir le risque d'aller vers notre défaite. Pourtant cette liberté ne nous mène nulle part que vers la méchanceté, la mort. Tout le monde est libre, tout le monde peut faire ce qu'il lui semble bon. Ceux qui craignent l'existence de Dieu agissent par la peur de ne pas se faire condamner. Les autres font ce qu'il leur plait. Nous arrivons à éliminer l'autre sans aucune crainte au nom de la liberté. Et pas de signe de Dieu. Personne n'est là pour nous arrêter. Des milliers de vie humaine sont exterminées au nom de la liberté. Les hommes mettent de côté les règles de la morale pour s'éliminer les uns les autres grâce à la liberté. Et Dieu n'y met pas les pieds. Pourquoi ? Pourquoi l'homme possède cette liberté ? A quelle fin ? Dirait-on si Dieu existe vraiment, qu'il nous a créés et lui il se casse de notre vie en nous donnant cette liberté qui nous guide vers notre fin, notre mort. Pourquoi n'avons-nous pas peur de poser des actions malhonnêtes ? Et si à chaque mauvaise action que nous tentons de faire, Dieu nous envahit de conscience, qu'est-ce qui poserait problème ? Pourquoi nous n'avons pas entendu sa voix qui nous dit de ne pas faire telle ou telle action malhonnête. Au lieu de la liberté nous devions être incarcérés par la conscience, une conscience qui précèderait l'acte. Ainsi nous ne ferions point de mal, point souffrir l'autre. Nous serions conscients de nos actes.

Prenons le cas actuel de notre cher pays, Haïti. L'insécurité sous toutes les formes et la misère s'en prennent à nous. Pas de vie. Nous vivotons tous. Pourquoi Dieu n'agit pas ? Se complait-il dans notre misère, dans notre évanescence ? Il n'agit pas parce qu'il a peur de toucher à notre liberté infernale ? Ou du moins il n'existe point. A quoi bon d'être libre si l'on ne peut vivre réellement ? À quoi bon d'être libre si l'on court vers sa ruine ?

En tant qu'humain, homme pécheur et faible nous nous sentons indignés, touchés par la maltraitance des sans foi ni lois à l'égard des plus faibles. Si nous avions des pouvoirs surnaturels nous volerions au secours de ce peuple opprimé, miséreux. Malheureusement nous n'y pouvons rien. Mais toutes nos entrailles se déchirent. Nous souffrons tous à cause de notre liberté providentielle. Nous nous demandons pourquoi Dieu qui se dit amour n'agit pas ? Tout un peuple s'accule dans une boue puante qu'est la misère. Personne même Dieu semble se complaire en notre misérable vie. Qu'est-ce qui est mieux, la liberté ou de vivre convenablement comme être humain ? Nous les haïtiens notre condition de vie ne révèle pas notre humanité. Mais elle révèle que nous sommes tous des animaux primates dépourvus de conscience, du goût de l'esthétique et de l'éthique. Le pire c'est que nous nous accommodons même avec le pire. Cette liberté qui nous entrave tous ne nous emmènera pas à destination. Dieu au lieu de nous aider, nous piège avec sa liberté qui nous fout tous dans le malheur en guise de bonheur.

« Je suis le Dieu tout-puissant. Marche devant ma face et sois intègre », dit Dieu. (Genèse 17 :1). Étant Dieu, être tout-puissant, cela signifie qu'il est omniscient. Il sait tout. Il connait le passé, le présent et le futur. Pourquoi il n'avait pas prévenu que cette liberté allait se retourner contre les hommes ? Pourquoi il n'avait pas su que les hommes allaient mal utiliser leur liberté ? Et s'il le savait, cela ferait un autre débat. Il n'aime pas les hommes. Il s'en fout du bien-être humain. Et qu'en est-il s'il n'avait aucune idée de ce qui allait arriver à l'homme, parlant de la liberté ? Pourrait-on l'appeler Dieu ? Car Dieu est un être dont la connaissance est illimitée. Il a la science infuse contrairement à nous qui sommes bornés. Ce qui est sensiblement vrai c'est que nous souffrons de notre liberté et que Dieu ne réagit pas. Est-il absent ? Se complait-il en notre souffrance ? N'a-t-il jamais existé ? Tout est possible mais nous ne savons rien du tout. Mais le silence de Dieu, notre misère, notre destruction nous incitent à y réfléchir

Qui n'aimerait pas vivre pleinement sa vie. Qui n'aimerait pas se sentir dans sa peau ? Qui n'aimerait pas être libre. Mais si la liberté que nous donne Dieu nous empêche de vivre pleinement notre vie, si elle nous entrave au lieu de nous émanciper à quoi bon de l'avoir. Nous pensons que si nous possédons cette liberté c'est dans la perspective de nous sentir pleinement en vie. Par contre cette liberté nous entraine dans le libertinage, dans le désordre. Est-ce le plan de Dieu ? Ou n'avait-il pas l'aptitude de prévenir cette gaffe. Par exemple nous les haïtiens, nous nous sommes acculés dans l'abime de la mort, dans l'océan du désespoir. Mais nous n'avons pas de recours. Personne. Même pas Dieu. Sait-il que nous sommes malheureux et désespérés ? Et si oui pourquoi il ne vient pas à notre secours ? Pourquoi il nous laisse périr sous les balles de ceux qui prétendent posséder à eux seuls le pays. Ce n'est pas vraiment de leur faute s'ils pensent ainsi. Haïti, notre mère est prise en otage ça fait belle lurette. Tout ceci c'est parce que nous sommes libres de faire ce qui nous chante. Pas de conscience nationale, pas de compromis productif. Pas de politique pouvant assurer le développement durable du pays. Tout est sens dessus-dessous.

C'est vrai nous devons être libres. Libre dans le sens que nous ne devons pas être assujettis par d'autres nations. Mais la liberté que Dieu nous donne nous rend esclaves. Une liberté qui nous empêche d'être libres. Car pour nous, libre c'est vivre heureusement sans empêtrer sur le doit d'un autre. Pourtant la liberté écopée de Dieu nous prive de notre vraie liberté. Nous sommes dans une impasse plus que difficile. « Chak zòn gen yon chèf » c'est le slogan du peuple haïtien. Personne n'est libre de se déplacer. Haïti est un exemple que la liberté de l'homme le trahit. Nous utilisons mal notre liberté. Nous nous demandons aussi est-ce que Dieu est vraiment amour ? Ou comment se définit-il, son amour envers les hommes ?

L'amour divin

« Car Dieu a tant aimé le monde qu'il a donné son fils unique afin quiconque croit en lui ne périt point, mais qu'il ait la vie éternelle ». (Jean 3,16). Aimer quelqu'un c'est chercher à le protéger c'est lui vouloir du bien. C'est se donner à lui. La bible nous dit que Jésus a donné sa vie pour nous sauver. Oui c'est un geste d'amour. C'est l'un des plus grands sacrifices que l'on puisse faire à l'égard de quelqu'un ; donner sa vie pour lui. C'est tout à fait un signe d'amitié parfait, un signe d'amour authentique. Mais Jésus, était-il obligé de risquer sa vie pour nous sauver ? On l'a assassiné ou il était vraiment venu pour mourir à notre place ? C'est son dessein à lui ou c'est un incident ?

Et s'il était venu mourir pour notre salut pourquoi on garde un mauvais souvenir des hommes qui l'ont tué ? S'il devait mourir, il devait quand même passer sous la brutalité de quelqu'un ou d'un groupe de personne. Ces gens qui ont tué Jésus devraient être considérer comme des braves, des héros. C'est grâce à eux que Jésus puisse mourir. Jésus ne pouvait pas se suicider pour nous sauver. Ce serait un scandale, car on voit mal le suicide. Ces gens-là ne sont pas des brigands en réalité ce sont des personnages du film de la mort de Jésus. Ils ont bien joué leur rôle. On dirait que c'est Jésus lui-même qui a fait choix de ceux qui devaient le sacrifier. Par exemple Juda était l'un des disciples de jésus, pourquoi il ne l'a pas préservé du mal ? Dans ce cas c'est Jésus qui a fait Choix de Juda. Car il pouvait, comme Dieu, aider le pauvre Juda à s'écarter de la tentation. Est-ce que Jésus n'était pas venu pour sauver Juda lui aussi ? Juda s'est suicidé. Pourquoi Jésus n'avait pas pu empêcher à Juda de se suicider. C'était son ami, quand-même ! Aimer quelqu'un c'est chercher à le protéger. Jésus n'a-t-il pas eu de l'amour envers Juda ? Ou du moins la vie de Juda n'avait-elle pas d'importance à ses yeux. Tout homme aime sa vie, Juda avait aimé surement la sienne. Jésus pouvait l'aider à épargner sa vie de ce mal mortel.

En outre, selon la bible Jésus était mort pour que nous puissions sauver, pour effacer, exterminer nos péchés. Et pourquoi sommes-nous toujours pécheurs ? Pourquoi nous devons encore lutter pour que nous n'allions pas incinérer au four de l'enfer ? Si Jésus était mort une fois pour toute, nous ne devrions pas avoir besoin de nous casser la tête pour notre salut. Nous sommes tous déjà sauvés. Sauf si Dieu était mort pour une catégorie de personne bien déterminée. Mais si nous le constatons bien, nous verrons que le monde aujourd'hui est un monde à l'envers. Le mal emporte sur le bien. Partout c'est la canaille. Par exemple en Haïti, nous défendons que quelqu'un dise qu'il vit. Il y en a qui ne savent pas ce que c'est vivre. C'est révoltant de regarder vivoter les gens dans certains quartiers, dans les banlieues de la capitale. Est-ce que Dieu est toujours amour ? Est-ce que Dieu nous tourne le dos définitivement ? Ou du moins comment se manifeste l'amour de Dieu ? Peut-être par intermittence ? Ou se transforme-t-il son amour en haine ? Donne-t-il à son opposé, à son ennemi cruel le droit de nous prendre en pâture, de nous périr tous ? Haïti souffre. Elle est malade cela fait des décennies. L'amour de Dieu semble être loin de ce peuple assoiffé de sécurité, de paix et de justice.

Etre amour c'est développer une sensibilité qui, parfois, dépasse soi-même. Dieu est amour, mais où est sa sensibilité. Comment se sent-il en voyant les hommes se déchirer. Où est sa compassion ? L'amour, comme la bible nous le présente, c'est Dieu lui-même. Qui dit Dieu dit amour. Mais pourquoi cet amour ne se manifeste pas à l'égard du monde, à l'égard du peuple haïtien ? Ce peuple noir humilié par tant d'autres nations est à bout de souffle. Pourquoi Dieu le laisse périr ? Et pourquoi cet acte d'amour qui est la mort de jésus pour l'humanité est éphémère ? Il devrait durer éternellement. L'amour de Dieu pour nous semble être échu. Plus de sensibilité, plus d'amour. Nous sommes tous livrés à nous-mêmes. Et le résultat de ce manque d'amour est la désagrégation, la guerre. Si Dieu nous aime vraiment pourquoi il ne freine pas le mal qui sévit dans le monde, pourquoi il n'a pas coupé court à cette situation infernale qu'endurent les haïtiens ?

Comme un amoureux adore son amante, comme une mère aime son fils, Dieu devrait nous aimer. Car il dit qu'il nous aime tant. Quand deux personnes s'aiment réellement, ils sont comme un. Le bonheur de l'un est le bonheur de l'autre. Et le malheur de l'un est celui de l'autre. L'amour aime, l'amour pardonne. Le bien-être c'est le souhait qui se porte toujours réciproque entre deux personnes qui s'aiment vraiment. L'amour se donne malgré la différence qui puisse exister entre elles. Parfois il arrive qu'on ne s'occupe même pas des défauts de l'autre. L'amour triomphe tout. De quel amour maintenant Dieu nous parle ? N'avons-nous pas la même compréhension de l'amour dont il parle que lui. L'amour n'aime pas voir souffrir. Encore plus il n'aime pas faire souffrir.

Dieu nous regarde en train de souffrir. Il nous regarde en train de nous faire la guerre. Il nous regarde dépérir. Quand est-ce qu'il se souviendra d'Haïti ? Quelle est son projet pour ce peuple malade et souffrant ? Nous sommes des rescapés de l'insécurité, des sinistrés de la famine. La machine à détruire est chez nous et Dieu ne dit mot. L'ombre de la mort assiège Haïti et Dieu garde son silence. Est-il absent pour une randonnée qui ne s'achève point ? Ou est-il fier de nous voir nous plonger dans le fleuve de la division, de la mort ?

Comment un amoureux peut-il laisser périr son amoureuse sous les mains des bandits ? Comment arrive-il à supporter un tel sort sans bouger le cul pour essayer de la sauver. Si Dieu est amoureux de nous, pourquoi n'a-t-il pas intervenu ? Attend-il que nous soyons tous réduits en poussière ? Notre situation critique, parlant de nous les haïtiens, révèle que nous ne sommes pas aimés. Nous ne sommes pas aimés ni des politiciens avides de tout posséder ni de Dieu que la bible nous présente comme un Dieu d'amour. Dans ce cas nous sommes pris au piège. On a comploté contre nous et Dieu semble s'y complaire. Il laisse les plus faibles sous les bottes des grands du pays. A-t-il perdu de son pouvoir, de sa toute-puissance ? Le diable a-t-il gagné la bataille ? C'est indubitablement le règne du diable. Le mal triomphe le bien. Les lois de la morale sont oubliées et piétinées. Ou est caché l'amour divin ? Est-il là mais sans effet ?

Si l'on suit réellement ce qui se passe en Haïti voire au monde entier on pourrait vraiment affirmer que l'amour de Dieu n'existe pas. Si l'amour de Dieu était sur Haïti par exemple nous n'allions pas trainer à nous unir, pour avoir une nouvelle Haïti. Nous sommes l'une des nations les plus maltraitées, les plus humiliées à cause de notre position économique, de notre sale politique, à cause de nos dirigeants dont le nez se fait avec de la boue puante. Etant donné qu'ils puent tous ils n'ont pas pu prendre l'odeur du pays qu'ils ont tous corrompu et démuni de ses biens pouvant sauver tout un chacun du désert de la misère. Combien de nos sœurs et frères qui sont morts ? Combien qui ont dû laisser le pays pour essayer d'aller se créer un avenir sous les bottes des blancs ? Combien qui se donnent en pâture aux animaux féroces en laissant Haïti, leur pays natal bourré d'injustice ? Le Dieu de la bible qui a bon cœur ne les voit-il pas ?

Est -ce que Dieu nous aime vraiment ? Est-ce qu'il ne nous déteste pas à cause de nos mauvaises actions, de nos gaffes ? Mais s'il est réellement amour il ne peut pas nous laisser périr. La faiblesse d'un Dieu amour est de ne pas pouvoir tuer, ni de voir tuer.

Est-ce qu'il nous abandonne ou il n'est plus ? Nous ne sentons pas sa force. Dieu pourrait sauver Haïti par un simple mot un simple geste. Mais à quoi bon de prôner un amour qui semble ne pas avoir existé. Un amour qui ne s'exprime pas par action est considéré comme inexistant. La bible dit que l'amour divin existe. Mais où est donc sa manifestation ? Quand est-ce qu'il se manifestera ? Lors de la fin de tout un chacun ? Nous sommes tous voués à nous-même. Nous sommes dépourvus de paix, de joie, de fierté. Plus personne à qui nous pouvons avoir recours. Plus personne. Nous ne pouvons pas nous confier à nous-même et n'en parlons pas des autres. Tout le monde a peur de tout le monde. Nous sommes des réfugiés, des migrants, des étrangers dans notre propre pays. Est-ce cela la manifestation de l'amour du Dieu de la bible ? Comme nous l'avons si bien dit préalablement, il parait que Dieu est vaincu. Il se laisse vaincre par la force du Diable. Et les esprits sataniques, semblerait-il, profitent de nous envahir. Semblerait-il que le Dieu de la bible a été détrôné de son pouvoir. Son silence pourrait sans doute venir de sa défaite. Il se peut qu'il n'ait plus d'autorité sur nous les hommes, il ne peut plus nous commander.

Tout comme en Haïti les gangs se font la guerre entre eux. Le vaincu sera dépouillé de son territoire et ses adeptes seront livrés entre les mains du vainqueur. Et plus personne ne peut les aider. Voilà aujourd'hui c'est ce même sort que nous subissons. Dieu, le maitre et le créateur des hommes aurait été vaincu par Satan. Et nous, les hommes malheureusement nous sommes livrés entre ses mains. Il nous maltraite, il nous divise, il nous tue. Si l'on pouvait recueillir la quantité de sang écoulé ou qui est en train d'écouler on pourrait avoir un fleuve. Cette effusion ne touche-t-elle pas la sensibilité de Dieu, s'il existe vraiment ? Dieu est amour. Présentement cette phrase peut être controversée, contestée. Où est cet amour ? Pourquoi le mal s'étend partout progressivement ? Pourquoi la vie humaine devient-elle comme sans importance ?

Chapitre III

L'extension du mal dans le monde

Le mal gagne le monde. En réalité le mal existait déjà. Dans la bible cela commence depuis la genèse. Adam, Eve et la couleuvre qui symbolise le diable sont les premiers acteurs du mal, du péché. « La femme vit que l'arbre était bon à manger et agréable à la vue, et qu'il était précieux pour ouvrir l'intelligence elle prit de son fruit et en mangea ; elle donne aussi à son mari, qui était auprès d'elle, et il mangea. »(Genèse 3 :6). Ils ont mangé du fruit de l'arbre qui leur était défendu par dieu. Ils ont péché ils ont commis le mal. Le mal existe dès la création de l'homme. On dirait que le mal est inhérent à l'existence même de l'homme. Tout autant que nous habitons cette terre le mal sera toujours d'existence. Mais il n'existe pas que le mal. Le bien est bel et bien présent. En fait ce dualisme constitue l'équilibre du monde. S'il existait seulement le mal l'équation ne serait pas bien équilibrée, la balance serait inclinée d'un côté. Et s'il existait seulement le bien ce serait encore pareil, il n'y aurait pas d'équilibre. Les fléaux de la balance du cosmos sont occupés par le bien et le mal. C'est ce qui donne sens à la vie.

Platon dans son ouvrage « la république » décrit le bien comme la plus haute réalité, source de vérité et de connaissance.

Selon Emmanuel Kant dans son livre intitulé « Fondements de la métaphysique des mœurs » le bien moral découle du devoir et de l'impératif catégorique.

Le concept « bien » est attaché à la morale et à l'éthique. En générale, il fait référence à ce qui est considéré comme moral, juste ou bénéfique dans une société donnée. Mais cela peut varier selon les sociétés. C'est l'opposé du mal.

Le concept « mal » est généralement associé à ce qui est immoral, injuste ou nuisible dans une société donnée. Il est révélé comme l'opposé du bien et peut varier tout comme le bien selon la société ou les normes culturelles. Cela peut être exprimé par des actions, des intentions néfastes.

Dans son livre « La cité de Dieu » saint Augustin affirme que le mal vient du libre arbitre humain, la désobéissance à Dieu.

Et Jean-Paul Sartre, dans son livre « L'Etre et le Néant » soutient que le mal n'est pas une entité en soi mais une conséquence de la mauvaise foi des individus.

Le mal et le bien, un dualisme, sont l'opposé de l'un l'autre. Le mal est l'absence du bien. Là où le mal règne le bien n'est pas le bienvenu et vice versa.

Comme nous l'avons si bien mentionné, le mal existe depuis notre origine. Mais nous constatons que de nos jours le mal progresse au fur et à mesure. Il prend le large. Il pèse davantage que le bien sur les plateaux de la balance. Ce qui se passe actuellement dans le monde semble surpasser notre apparence humaine. Le mal prend de l'extension. Est-ce parce que nous usons mal de notre libre arbitre ? Ou du moins c'est parce que Dieu nous tourne le dos ? Face à l'expansion du mal, le Dieu de la bible semble rendre le tablier. Il nous semble que dieu abandonne le combat. Et nous, nous nous enlisons dans le mal quotidiennement. Certains pays se livrent en guerre contre d'autres. Des centaines de milliers de vies effondrées. Des enfants qui se retrouvent orphelins. Tant de gens qui s'en vont de leur pays pour aller nulle part. Parfois ils se font ravager par des animaux forestiers féroces. Ou ils se font emporter par des rivières, des fleuves en crue. Le monde est en bouleverse. Les hommes sont en quête de la paix. Pourquoi tant de souffrance ? Pourquoi tant de violence ? Cela nous emmènera où ? À quoi bon de chercher à tout gagner pendant qu'il est manifeste qu'on aura tout perdu lors de notre ultime jour ?

Le mal vient-il de Dieu ou de l'homme ? Est-ce l'homme qui l'a accouché ou Dieu qui l'a créé ? D'après ce que nous pouvons appréhender en terme de compréhension le mal existait avant les hommes. Pourquoi ? Si le mal est l'opposé du bien, le diable est aussi l'opposé de Dieu. Le mal symbolise le diable et le bien Dieu. Satan était là avant les hommes, donc le mal était là avant les hommes. Le mal ne vient pas de l'homme mais de Dieu. Puisqu'on dit tout ce qui existe vient de Dieu, le mal aussi vient de Dieu. Le diable vient de Dieu. Et si le mal vient de Dieu personne ne peut l'éradiquer. Et éradiquer le mal revient à éradiquer l'être humain. Et il parait que tout autant l'homme a une nouvelle connaissance de la vie, tout autant que sa connaissance grandisse le mal lui aussi s'accroit. Mais que peut-on faire pour éviter que le mal prenne le large. Et si le Dieu de la bible intervient et guide l'homme dans ses actions ? Et si Dieu dit c'est assez, ne trouverons-nous pas une trêve, un répit ?

La bible nous dit que Dieu est le maitre du cosmos. C'est lui qui est à l'origine de toute chose. Il commande tout. Il transcende tout. C'est à dire il transcende aussi le mal. Il peut aider l'homme à le vaincre. Il peut nous aider à prendre le dessus. Le diable fait de l'homme son cheval de bataille. Le diable œuvre beaucoup ces temps-ci. Il est toujours en brèche. C'est la désolation partout. En Haïti, le mal trouve son refuge et s'y établit. On dit que l'enfer et le paradis existe. Il nous semble qu'Haïti est la représentation parfaite de l'enfer sur terre. Nos politiciens représentent le diable en personne. Ils sucent tous le sang des plus faibles, des personnes viles. Haïti représente la terre des misères ou les psychopathes se font leur beurre. Pas de justice pour les opprimés. Les juges se font esclaves des gens de richesse. Nous sommes assoiffés de justice sur une terre oū la justice n'est plus. Ceux qui se portent garant de la bonne marche du pays, du bien-être des citoyens sont eux-mêmes des lions qui dévorent la troupe des agneaux qui est le peuple. Nous nous trouvons tous abandonnés. Personne ne plaide notre sort. Et ceux qui se disent amis du peuple, qui incitent le peuple à se mettre debout sont des monstres déguisés en humain. La soif des biens matériels les tente et les pousse à nous détruire pour les posséder. Nous n'avons plus de recours. Et si Dieu existe, il nous abandonne. Il nous livre entre les mains du diable.

Quelle est alors notre finalité sur cette terre. Souffrir et espérer une autre vie meilleure qui n'est pas une vie terrestre ? « Heureux vous qui êtes pauvres, car le royaume de Dieu est à vous, dit Jésus. »(Luc 6 : 20). Pourquoi Habitons-nous cette terre si la souffrance est à nous ? dirait-on qu'on a été fait pour souffrir. Nous nous faisons du mal et Dieu n'intervient pas. Peut-être que le royaume des cieux est à nous qui souffrons toutes sorte de maux. Mais pourquoi Dieu ne nous avait pas donné cette vie meilleure sans que nous passions sur cette terre infernale si toute fois il nous aime vraiment. Peut-être parce que nous l'amusons avec nos spectacles à la con. Peut-être qu'il prenne plaisir à nous regarder en train de nous entretuer. Si Dieu est vraiment réel il savait que notre situation serait ainsi. Il savait que nous allions nous en vouloir l'un l'autre. Alors si nous sommes dans le mal et il ne nous a pas botté le cul pour nous retirer en erreur c'est que quelque part il y a un intérêt caché. Tout comme en Haïti, les soi-disant dirigeants ne font quasi rien pour empêcher que le pays s'accule davantage dans cette situation exécrable dans laquelle nous nous baignons. Le pourquoi c'est qu'ils y font illicitement et facilement leur beurre. Et personne ne peut les arrêter car c'est eux qui font la loi, c'est eux qui détiennent le pouvoir. Ils font tout ce qui leur semble bon au détriment du peuple souffrant. Donc ce peut-être la même chose pour Dieu. S'il n'agit pas, s'il ne fait quoique ce soit pour nous sauver de cette eau puante qu'est la corruption, qu'est le mal c'est qu'il trouve par hasard un intérêt. Comment un Dieu amour peut rester à nous scruter périr dans le mal sans nous aider, sans nous prendre par la main pour nous aider à sortir de notre misère ?

Au lieu de faire ce qui est bien, ce qui peut porter à notre bonheur, nous faisons le mal. Pourquoi sommes-nous tentés davantage par le mal que par le bien ? Le mal est-il plus fort que le bien ? Ou du moins le diable, est-il plus fort que Dieu ? De toute façon faire du bien c'est qui est, sans doute, mieux. Mais à la vitesse que le mal s'enfuit montre qu'il remporte sur le bien. L'homme est un être intelligent doué de raison. Mais il est faible. Blaise l'a dit dans une citation. » L'homme est un être faible mais pensant. » L'homme est faible il a besoin d'un être suprême pour lui guider dans ses actes. Sa connaissance peut le conduire à la bonne voix tout comme ça peut le mener à sa destruction. L'homme peut connaitre le passé et y puiser pour rendre meilleure le présent. Mais il n'est pas toujours facile de prévenir le futur. L'homme ne peut pas toujours prendre des précautions si toutes fois ce qu'il attend n'arrive pas comme il le souhaite. Dans ce sens en tant qu'humain nous sommes bornés. Parfois nous entreprenons certaines choses qui nous conduisent à notre perte. Et si nous avions la capacité de voir l'avenir, nous n'allions pas courir à notre propre malheur. Et c'est la raison pour laquelle nous cherchons un être suprême pour nous protéger du malheur, pour nous aider à comprendre le présent pour mieux préparer l'avenir. Selon la bible comme nous l'avons tantôt mentionné, Dieu est notre créateur. C'est lui l'être suprême par excellence. C'est lui qui se porte garant de notre bien-être. C'est lui qui nous défend contre le mal, contre le pouvoir du diable. Il devrait nous défendre contre le mal, nous empêcher à faire le mal. Et la bible nous dit par sa mort Jésus a vaincu la mort. C'est-à-dire il a vaincu le mal.

Si Dieu a vaincu le mal pourquoi existe-t-il encore ? Est-ce une illusion ? Dieu, peut-il se tromper ? Ou du moins le mal est venu se venger de lui. Il est manifeste que de nos jours c'est le mal qui triomphe et ceci dans le monde. Est-ce que Jésus peut se vanter d'avoir vaincu le mal ? Le mal est bel et bien présent. Et il gagne du terrain. Qui peut l'arrêter ? Il parait que même Dieu s'en lave les mains dans l'affaire. Et si Dieu abandonne le combat, s'il se laisse vaincre, nous les hommes nous sommes perdus, nous sommes tous foutus. Si dieu qui est Dieu, qui gouverne tout prend la poudre d'escampette et nous les humains ? Si nous pouvions gérer nous même le mal nous n'aurions pas besoin d'un Dieu. Et si nous nous trouvons incapables et que personne n'est venu à notre secours, Dieu peut ne pas avoir existé. Son existence peut être imaginaire. La croyance est une grande force. Nous pouvons toujours croire qu'il existe vraiment un être supérieur par rapport à nous que nous croyons capable de nous aider. Pourtant il pourrait ne pas exister.

En fait la force du mal est censée prouver que l'existence de Dieu est fausse. Quel est cet amour qui prend du temps ou du moins qui ne réagit pas au moment de la souffrance. Quel serait cet amour dont la sensibilité est égale à zéro face à la désolation de son/sa bien aimé(e) ? Peut-être qu'il agit lentement. Mais l'essentiel c'est de jouer pour ne pas le/la perdre. Ces gens-là qui perdent leur vie soit pendant la guerre, soit pendant des affrontements entre bandits, étaient-ils aimés de Dieu ? Ou encore leur vie n'avait-elle pas d'importance ?

Dieu existe-il vraiment ?
Le non-respect de la vie humaine.

Selon le dictionnaire Larousse la vie est un caractère propre aux êtres possédant des structures complexes (macromolécules, cellules, organes, tissus), capables de résister aux diverses causes de changement, aptes à renouveler, par assimilation, leurs éléments constitutifs (atomes, petites molécules), à croître et à se reproduire.

Dans son ouvrage intitulé « Le Mythe de Sisyphe », Camus développe l'idée de l'absurdité de la condition humaine, soulignant que la vie n'a pas de sens intrinsèque, mais que nous devons créer notre propre signification.

Epicure dans son Livre titré "Lettre à Ménécée" n'a pas donné une définition de la vie. Mais dans cette lettre, Epicure encourage la recherche du plaisir modéré et la tranquillité de l'âme comme moyen de parvenir à une vie heureuse.

En réalité la vie en soi n'a pas une définition particulière. Elle peut se définir selon les expériences personnelles. Mais pour parler de vie on doit sélectionner les êtres vivants. Mais ici nous nous focalisons sur la vie humaine.

En Haïti et dans d'autres pays du monde nous constatons que la vie humaine perd sa valeur, qu'elle se réduit à une simple chose. Alors nous nous demandons où est passé le respect de la vie humaine. Dans la bible on parle d'une deuxième vie ; la vie éternelle. "Celui qui croit au fils à la vie éternelle, celui qui ne croit pas ne verra point la vie, mais la colère de Dieu demeure sur lui," dit Jésus. (Jean 3 : 36). Cette vie qui dure à jamais personne et personne n'est jamais venu après sa mort pour nous parler de cette vie. Quelle garantie avons-nous que cette vie sans fin est vraiment d'existence ? Les chrétiens croient dans cette parole qui reste encore un mythe. Mais ils ont peur de mourir, ils ont peur de perdre leur vie terrestre. Alors pourquoi ont-ils peur de mourir pourtant ils croient qu'ils vont trouver une vie meilleure. Même ceux qui prêchent, qui prônent qu'il existe une nouvelle vie après la mort, une vie dans laquelle nous aurons tout, ont eux aussi peur de perdre leur vie terrestre. Cela revient à dire que la vie sur terre est d'importance, et que cette vie dont on parle demeure quelque part non rassurée. Après cette vie ce peut-être la fin. Ou du moins il peut y avoir la réincarnation. Personne ne sait vraiment. Et si l'on savait peut-être qu'on aurait eu un autre comportement face à la vie. On aurait vu la vie sous un autre angle. Si l'on savait que cette deuxième vie était rassurée, on n'allait pas avoir peur de mourir, d'être tué par des malfrats, des gens dont la tête est bourrée de matière fécale à la place de la matière grise. Si l'on savait que les gens qui sont morts allaient jouir une vie meilleure, nous n'allions pas pleurer leur mort. Nous allons de préférence fêter leur départ et prier pour que notre jour arrive tout de suite pour les rejoindre. Mais c'est tout à fait le contraire qui nous arrive. Nous avons peur de perdre un proche, un ami, un parent, etc...

Si cette vie est aussi importante pourquoi ne pas la protéger, pourquoi ne pas l'aimer. Pourquoi Chercher à la détruire. Aujourd'hui notre vie n'est pas protégée, ni aimée. Nous en avons marre de regarder périr nos amis, nos parents, nos enfants, nos proches sous les balles des ignorants, des gens sans gêne, sans état d'âme. Notre vie n'est plus respectée. Les fous armés prennent plaisir à tuer, à enlever la vie des autres pour des raisons inconnues. Parfois après avoir massacré quelqu'un les « sans cœur » mettent le feu dans le corps. Pourquoi tant de crime. Quelle est le plus grand crime qu'on puisse faire à quelqu'un que d'ôter sa vie ? Personne n'est jamais allé soit au marché, soit dans un autre quelconque endroit pour s'acheter une nouvelle vie. Chacun de nous qui habite cette terre ne possède qu'une seule vie. Elle est singulière. Et qui n'aime pas sa vie ? Qui n'aimerait pas vivre longtemps sur cette terre ? Parfois même si quelqu'un souffre de tous les mots qui puissent exister, il espère à la vie. Il ne veut pas qu'il la perde. Car il sait qu'elle est unique. Alors détruire une vie est l'ultime sort que quelqu'un puisse subir. Nous avons tous raison d'aimer notre vie. Une fois qu'on la perd on la perd pour toujours. Même ceux qui prennent plaisir à tuer ont peur d'être tué. Si l'on aime sa vie, il est manifeste que l'autre aime la sienne aussi. Si l'on a peur de perdre sa vie, il est évident que ses semblables aiment les leur. Tuer une personne c'est mettre un terme à son unique vie.

Et qu'en est-il de Dieu ? Aime-t-il notre vie ? Que fait-il pour la protéger contre les prédateurs assoiffés de sang. Si Dieu existe vraiment son mutisme et sa passivité révèlent que non. Notre vie n'a rien d'important pour lui. Elle est comme tout autre chose qui passe et qui n'a pas vraiment une importance capitale. Et si notre vie était d'importance Dieu n'allait pas pouvoir supporter cela parce qu'il dit qu'il nous aime et s'il nous aime il aime notre vie. Et s'il aime notre vie, pourquoi il ne réagit pas ? Avait-il dépit de nous. La bible nous dit que Jésus était mort pour nous. Et pourquoi aujourd'hui Dieu n'intervient pas pour nous délivrer de la main du diable. Nous disons diable car tout ce qui est bien vient de Dieu et tout ce qui est mal c'est l'œuvre du diable. Est-ce que Dieu peut avoir sa main trempée dans le sang ? Peut-être oui. Car dans l'ancien testament Dieu était tout à fait un Dieu de guerre. Un Dieu qui fait couler du sang sous le choc de sa colère. Il peut être bien en colère contre nos maux. En réalité soit Dieu n'est plus soit il nous punit tous en nous laissant nous autodétruire.

Mais Notre problème c'est que si Dieu est Dieu pourquoi il n'avait pas préalablement prévu tout cela ? Et s'il l'avait prévu pourquoi il ne l'a pas freiné. Dans ce contexte s'il existe comme nous dit la bible, il n'est pas tout-puissant. Ou du moins est-ce notre libre-arbitre qui diminue sa toute-puissance ? Si c'est le cas pourquoi nous donne-t-il quelque chose qui tend à nous entraver ? Pourquoi Dieu, celui qui nous a créés à son image et qui se dit amour nous donne quelque chose qui nous conduit vers notre fin ? N'a-t-il pas su que cela allait nous entraver ? Et là encore le débat est élargi. Comment se fait-il qu'un Dieu qu'on se dit omniscient et omnipotent ne peut pas parvenir à contrôler l'avenir ? Un Dieu qui sait tout qui est partout est-il capable d'erreur ? Nous avons vu dans la bible que le Dieu du nouveau testament était un Dieu d'amour, un Dieu qui prend pitié, qui aime. Et ceci, il aime tout le monde. Et il était venu pour sauver les pécheurs. Aujourd'hui nous sommes encore pécheurs où est-il ce Dieu ? Est-ce qu'il nous abandonne tous ? Ou du moins il a échoué à sa mission. Car nous sommes toujours des méchants, des pécheurs. Il se peut qu'il ait honte d'intervenir.

Aujourd'hui pour qui notre vie est importante ? Qui veut bien nous protéger contre nos prédateurs ? Personne ne peut pratiquer la prudence. Et ce mot n'existe que comme mot. Personne n'est en sécurité. Personne n'est venu à notre secours. Même pas Dieu que les chrétiens prennent du temps pour prier. Chacun doit maintenant se livrer à son intuition. Ton instinct de vie peut en quelque peu de fois t'aider à sauver ta vie. Peut-être que c'est la fin de l'humanité. Mais il parait que l'on veuille ou non on va tous passer dans le crible de la mort. Une mort forcée. Une mort où l'on n'a même pas eu le temps de dire un dernier mot à ses proches. Pas besoin de crier au secours car personne ne va prendre le risque de te sauver la vie. Pas besoin de réciter les 150 psaumes de la bible car il nous semble que même Dieu a pris la fuite.

Notre vie, notre unique vie n'est pas respectée. N'importe qu'elle malfrat a le pouvoir de l'éliminer. Plus de justice. D'ailleurs il n'y a pas de justice pour les démunis. Nous sommes comme des êtres dont le destin est de passer dans l'abattoir de la misère. Notre existence n'a rien de spéciale. De toute façon nous ne vivons pas nous vivotons au milieu des vautours de toute sorte. Étant donné que nous aimons notre vie, quoiqu'il en soit et quoiqu'il arrive nous espérons encore une vie meilleure. Mais en réalité nous les haïtiens aurons-nous une vie meilleure, une vie où nous pouvons nous sentir humains ? Si notre vie est suspendue au-dessus de la gueule du lion sans que personne ne peut nous sauver voire Dieu, à quoi bon de faire des efforts ? A quoi bon de penser qu'il existe un Dieu ? Nous sommes tous livrés à nous-mêmes. Nous ne faisons qu'attendre que le lion nous engloutisse tous. Et qu'en est-il des lieux dits lieux saints?

Dieu existe-il vraiment ?

Chapitre IV

La Profanation Des lieux dits lieux saints

Les lieux saints sont des endroits considérés comme sacrés ou religieusement significatifs par diverses communautés religieuses. Ces sites peuvent revêtir une importance spirituelle, historique ou culturelle et sont souvent associés à des rituels religieux ou à des événements religieux importants. Exemples de lieux saints incluent Jérusalem pour le judaïsme, le christianisme et l'islam, le Gange en Inde pour l'hindouisme, ou La Mecque pour l'islam.

Dans la bible ces lieux ne sont pas toujours accessibles à tout le monde. Par exemple les temples, les tabernacles. Dieu parle à Moïse à travers le buisson ardent, il lui dit : "Ne t'approche pas d'ici, ôte tes souliers de tes pieds, car le lieu où tu te tiens est une terre sainte. "(Exode 3 : 5). Les lieux saints sont des lieux qui réquisitionnent du respect. Ce sont des lieux qui révèlent la présence de Dieu. Personne n'a le droit de faire ce qu'il lui semble bon dans ces lieux. C'est sacré. Le désordre y est banni. Ceux qui prennent plaisir à souiller ces lieux auront leur sort. Le Dieu de Moise lui demande d'enlever ses sandales car le lieu où il se tient est saint, sacré. Il est affecté à ses services. Le peuple Israël avait pour devoir de lui faire des cultes dans les lieux saints. Par exemple le temple de Jérusalem était un espace saint. Personne n'était autorisé à faire ce qu'il lui plait sinon de faire des cultes à Dieu.

Mais aujourd'hui nous remarquons que les lieux saints, les Eglises, sont quasi profanés. Des individus mal intentionnés les pénètrent quand ils veulent pour faire ce qu'ils veulent. Dans notre pays si spécial des cas de kidnappings répétés se font à l'intérieur des églises. Ils ont eu le courage de massacrer les gens qui s'y trouvent. Ils pénètrent les lieux sacrés comme tout autre lieu sans aucune crainte, sans aucune gêne. Ils ont souillé les objets sacrés. Et personne ne peut réagir, voire Dieu lui-même. Dans l'ancien testament Dieu avait interdit à Moise de pénétrer le lieu saint avec ses sandales. De nos jours c'est du scandale. Dieu ne réagit pas face à ces pratiques qui désacralisent les espaces saints. On nous dit que les temples sont des lieux idéaux pour rencontrer Dieu. Pourtant les gens dont la tête est vide de bon sens les dévalisent. Où se planque Dieu en ce moment-là ? Lui aussi se blottit-il comme le font les fidèles ? Pourquoi ces lieux sont accessibles à n'importe quelle personne dont Dieu connait déjà les intentions ? Oui si Dieu est tout puissant et s'il est présent dans les églises pourquoi il les laisse massacrer les fidèles. Pourquoi il les laisse profaner les dispositifs des églises. Sous les yeux de Dieu ils violent, ils maltraitent, ils tuent. Et Dieu reste bouche bée, passif. Où est la protection divine. Ou est-elle allée se réfugier ? Si Dieu n'y peut rien qu'en dit-on pour les gens qui se disent fidèles à lui ? Dans l'ancien testament Dieu agissait à temps il était vigilant, il frappait les méchants. A-t-il changé ? Ou se transforme-t-il en agneau ? Ou tout simplement a-t-il vraiment existé ? Si oui existe-il toujours, ou est-il mort ?

Si dans les lieux saints les gens ne sont pas protégés, ils n'ont plus de paix intérieure, où seront-ils en paix ? Tous ceux et Celles qui rendent des cultes à Dieu cherchent normalement à se réfugier sous ses ailes. Ils croient qu'avec lui ils sont protégés, aimés. Les chrétiens ne peuvent plus prier les yeux fermés de nos jours, car ils sont tous en garde. Ils sont comme des soldats qui guettent l'arrivée des voleurs. Dans la bible on nous dit : « veillez et priez, car vous ne savez quand ce temps viendra. »(Marc 13:33). Aujourd'hui c'est : « veillez et priez car vous ne savez pas quand les bandits arrivent ». Quand ils arrivent personne ne peut se défendre. Chaque fidèle se voit déjà perdre sa vie unique. Le pire c'est que même Dieu ne vient pas à leur secours. Les malfrats font sans crainte ce qu'ils viennent faire et vont leur chemin comme des coqs. Ils sont fiers de qui ils sont ; les seuls chefs. Rien ne peut les arrêter.

S'ils peuvent défier même Dieu qu'on dit tout-puissant qui ne peuvent-ils défier ? Si pour les chrétiens les temples, les églises sont des lieux saints à respecter pour les gangs ce sont des lieux comme tout autre lieu. Et le silence de Dieu leur montre que leur pouvoir domine quasi tout. Au moins Dieu pourrait leur montrer que c'est lui le maitre, c'est lui qui domine tout. Et s'il leur avait donné une leçon ils n'allaient pas se sentir aussi à l'aise à pénétrer les lieux saints et même piller les objets dits sacrés. C'est une honte, une déception pour les fidèles de voir que même les temples, les églises passer sous les griffes des hommes armés. Comment ne pas se sentir humilier d'assister à une telle scène ? Ils sont éberlués de voir les gangs pénétrer les églises avec une telle facilité sans intervention aucune de Dieu. Ils devraient Tous tomber face contre terre pour avoir profaner ces lieux. Et le pire ils le font à maintes reprises. Est-ce que cela signifie que Dieu nous abandonne tous ? Ou son existence n'est plus ?

Le diable semble dominer même ceux qui se disent enfants de Dieu. Il ne respecte pas les lieux destinés aux cultes à Dieu. Les gens témoignent qu'ils n'ont jamais vu de choses pareilles. Les gangs quels que soient leur titre, leur position sociale n'avaient jamais fait de choses pareilles. S'ils le faisaient ils le faisaient par bravoure mais ils ont peur de ne pas être faits punir par Dieu. Aujourd'hui tout a changé. Les églises sont comme pour eux des places publiques où ils peuvent s'installer là où ils veulent et quand ils veulent.

En réalité il n'y a pas que les bandits qui font des crimes odieux dans les églises. Ceux-là qui se disent pasteurs, leaders du peuple de Dieu sont parfois des gangs qui tuent les fidèles à petit feu. Ils n'ont aucun charisme qui leur est destiné. Ils ne font que ramasser les biens des chrétiens. Et ces zombis croient vraiment s'ils ne donnent pas la dime ils ne vont pas hériter le royaume de Dieu. Depuis quand pour avoir la bénédiction de Dieu il faut payer ? Est ce qu'on achète la bénédiction divine ? Ceux qui n'ont rien qui ne peuvent pas enrichir le pasteur ne sont pas dignes de recevoir la bénédiction. Quel bazar ! Depuis quand Dieu était payant ? Ces pseudos pasteurs font des églises des espaces de business. Ils se font leur beurre. Les ignorants, les abrutis se font avoir. Le pasteur a débuté avec quasi ses pieds nus, au bout de quelques années il possède pas mal de beaux vêtements chers, des voitures de luxe. Pourtant ses fidèles sont dans la crasse. Il y en a qui ne peuvent même pas s'acheter à manger pendant qu'ils enrichissent leur pasteur. Pourquoi Dieu ne leur donne pas un esprit clair leur permettant de percevoir la domination de ceux qui se font appeler pasteurs. Pourquoi Dieu les laisse profaner l'Eglise, parlant des pasteurs ? Pourquoi ils n'ont aucune crainte de faire leur magot au nom de la Sainte Eglise ?

Le plus souvent les fidèles chrétiens prennent ces faux pasteurs comme des dieux. Car ils font des miracles au nom du Seigneur. Ils guérissent les malades, ils font marcher les estropies, ils ressuscitent les morts au nom de Jésus. Ces bluffeurs peuvent être tout sauf pasteurs d'église. Ce ne n'est pas seulement les hommes armés qui terrorisent le pays. Les prétendus hommes de Dieu le font aussi. Et ils le font davantage que ceux sont qui sont armés. Les lieux saints sont vandalisés et ceci à grande échelle. Les églises d'aujourd'hui deviennent un espace commercial. Elles sont souillées. Les pseudos pasteurs devraient être les premiers à tomber sous le châtiment de Dieu pour avoir piétiné, profané l'Eglise. Pauvres fidèles chrétiens. Ils se plongent la tête en bas. Tout ce qui leur est crucial c'est la protection divine. Ils n'ont pas de temps d'aller travailler afin de pouvoir vivre une vie normale, mais ils ont du temps pour aller sur les montagnes prier leur pasteur. Oui, ces innocents ne font que prier ces faux pasteurs, ces gangs au sein des églises. Ils souillent non seulement l'Eglise mais aussi la réputation de ceux qui sont de vrais pasteurs, des gens qui aident vraiment le peuple de Dieu à le rejoindre par la prière.

Prières non exaucées

Blaise Pascal aborde la prière dans ses "Pensées" en soulignant l'importance de la quête spirituelle et de la relation personnelle avec Dieu. Il évoque la nature de l'homme en quête de sens, suggérant que la prière peut être une réponse à notre condition humaine, une manière de trouver réconfort et compréhension face à l'incertitude de la vie. Pascal encourage la réflexion profonde sur la foi et la recherche de la transcendance à travers la prière.

Selon la Bible, la prière est un acte de communication avec Dieu. Elle implique souvent la recherche de guidance, de pardon, de bénédiction ou simplement la reconnaissance de la présence divine.

Voyez-vous, nous pouvons comprendre que la prière est comme un appel téléphonique fait à Dieu. Cet appel est fait dans la perspective de se mettre en contact avec lui pour attirer son attention sur soi. Cela revient à dire que la prière est une tête á tête avec Dieu. On prie pour qu'il puisse entendre ses griefs, ses jérémiades. C'est un acte spirituel. Elle permet à l'homme d'établir une relation parfaite avec Dieu. L'assiduité à la prière c'est tout à fait lui parler régulièrement, avoir une très forte relation avec lui. Mais peut-on prier sans trouver de résultat ? Dieu peut-il ignorer la prière des hommes ? Y a-t-il une meilleure façon, une meilleure posture de se mettre en prière ? Pourquoi, dirait-on, que les prières du peuple haïtien n'arrivent pas jusqu'aux oreilles de Dieu ? Pourquoi Dieu ne fait-il pas cas de ce peuple dont la plupart sont des chrétiens.

Alors si nous jetons un regard sur Haïti actuelle, nous verrons que ce pays est dans la margelle de l'abime dont la profondeur est illimitée. Par contre c'est un peuple chrétien. La plupart des gens passent leur 3/4 de temps qu'ils possèdent à prier Dieu, à se mettre à ses services. Mais dirait-on, que ses prières n'arrivent jamais au bureau de Dieu. Il y en a qui se donnent totalement à Dieu en renonçant au monde matériel. La plupart sont des religieux, religieuses, des prêtres, des pasteurs etc ... Le visage du pays exprime de la douleur. Son expression faciale dit tout sur sa situation exécrable. Et cela ne fait qu'empirer. Sa maladie chronique, ses ulcères semblent incurables. Personne ne pense à prendre soin d'elle. Ceux qui ont la capacité de la sauver son ceux qui la trainent dans la fange suffocante. Elle se trouve dans l'incapacité de bien respirer. Et étant donné qu'elle n'inspire aucun espoir, tout le monde veut l'abandonner. Des milliers d'haïtiens comme des médecins, des policiers, des étudiants, des diplômés la laissent pour aller à la rencontre d'une vie meilleure. Nous sommes tous désespérés. Seulement un miracle pourrait nous aider à ramener Haïti, notre maman à la vie. Mais qui va exécuter ce miracle ? Qui pense à nous aider ? Mais malgré tout la plupart des haïtiens restent fidèles à leur Dieu. Pas de question de ne pas prier. Pour eux si Dieu n'était pas présent leur situation serait pire. En tout cas... Haïti peut-elle être pire que ça ? Peut-elle continuer à gravir les échelons de la misère ? Pourquoi prier ? Pourquoi passer des heures, des jours, des mois, des années à prier sans qu'il n'y ait une réponse favorable?

Dieu existe-il vraiment ?

Nos prières sont comme restées dans le tiroir de Dieu. Il parait qu'il ne pense pas à les exaucer. Pourquoi ? Peut-être parce que nous sommes le peuple qui pêche le plus. Haïti devrait être l'une des contrées les plus bénies de par sa croyance en Dieu. Le peuple haïtien est un peuple très religieux pour ne pas dire très chrétiens. Pourquoi ses prières semblent être bloquées par nous ne savons quelle créature ? Nous souffrons assez. Nous en avons marre. Est-ce Dieu qui n'existe pas vraiment ou il ne se soucie pas de nous ? Cela nous parait épatant de voir Haïti, l'une des nations dont le peuple aime tant Dieu, n'arrive pas à se retirer de la misère. A quoi bon de prier ? A quoi bon de rester à louer un être qui ne se soucie pas de notre misère ?

Là où nous sommes nous n'avions pas besoin d'appeler Dieu pour qu'il vienne à notre secours. Notre état dit clairement que nous avons besoin d'aide. Dieu devrait, sans que nous ne lui demandions, pencher son regard, sa miséricorde vers nous. Ce Dieu que la bible présente comme un Dieu d'amour un Dieu qui se fait serviteur des hommes, pourquoi il n'a point réagi. Et si prier c'est se mettre en communication avec Dieu, pourquoi nos prières ne sont pas exaucées ? Peut-être qu'elles ne sont pas de bonne qualité. Ou du moins peut-être que nous les avons mal formulées. Et peut-être aussi que ce Dieu invisible n'existe point comme nous le croyons.

Notre situation inhumaine dans laquelle nous nous retrouvons inspire de la pitié. Nous devrions sans même le demander trouver l'assistance de ce Dieu que la bible déclare vivant. Nous aime-t-il moins que les autres nations ? Ou n'est-il pas au courant de notre existence ? S'il est vivant pourquoi il nous laisse seul. Pourquoi nos prières ne peuvent pas décrocher la grâce qui leur est équivalente. Nous sommes en attente. Nous attendons depuis des années une réponse qui ne vient pas encore. Nous attendons une grâce qui peut-être ne va jamais descendre du ciel. Combien de temps allons-nous rester à attendre ? Est-ce nos iniquités qui bloquent notre délivrance ? L'entrave de malheur est encore dans nos cous. Nous ne pouvons pas malgré nos prières nous en débarrasser. Nos moments de prières sont comme des moments vide de sens. Cela semble ne rien signifier aux yeux de Dieu, s'il existe bien entendu. Si nous arrivons à prier un Dieu que nous n'avons jamais vu c'est qu'en quelque sorte nous avons du courage, nous sommes des héros. Croire en quelqu'un qu'on ne peut pas toucher, voir parait complexe. Oui nous dit que ce Dieu dont on parle et à qui on est censés faire confiance est vraiment réel ? Qui nous dit qu'il n'est pas tout simplement de l'imagination de l'homme ? La croyance est l'une des plus grandes forces humaines. Lorsqu'on croit en quelqu'un ou en quelque chose personne ne peut l'arrêter sinon soi-même. « Si tu crois tu verras la gloire de Dieu. » (Jean 11:40) Oui si tu crois tu verras que tout ce que tu veux va certainement arriver. Pourquoi ? C'est juste parce qu'une fois que tu crois que tu peux posséder telle ou telle chose tu vas faire tout ce qui est possible pour que tu y parviennes. Par exemple si tu crois que tu vas réussir aux examens de Bac tu vas faire tout qui est en ton pouvoir pour réussir. La croyance est une motivation. Elle incite à progresser, à voir les choses d'une manière positive. Ce n'est pas Dieu qui t'a fait réussir mais c'est juste parce que tu crois en ta réussite et cette croyance te booste à faire des efforts extraordinaires. Dieu n'a pas la main dedans. Et ceux qui sont athées qui ne prient pas, qui nient l'existence de Dieu, ne vivent-ils pas assez bien ? Ont-ils toujours des problèmes ? Ne progressent-ils pas ? Au contraire ils ont la possibilité de réaliser plus de chose que ceux qui prient. Pourquoi ? Parce que ceux qui prient ont tendance à rester à attendre Dieu pour les sortir de leur misère. Ils restent là à lui présenter leurs jérémiades pourtant les athées croient en leur propre force, en leur capacité de réussir, de sortir de leur zone de confort pour aller s'approvisionner. Pourquoi Dieu ne vient-il pas sauver Haïti ? Pourquoi nous nous acculons dans notre merde. C'est tout simplement parce que nous attendons à ce que Dieu vienne nous aider. Dieu ne va pas exaucer nos prières il faut mettre la main à la pâte. Nous devons essayer de nous mettre en brèche. Nous devons croire en nos buts, en nos objectifs. Ainsi nous verrons combien notre motivation viendra automatiquement. Nous serons redoublés de force. N'attendons pas que nos prières soient exaucées. Mais faisons en sorte que nous croyons en notre réussite, en nous-mêmes. Et si toutefois on veut prier on doit le faire à son temps. Chaque chose a son temps. "Il y a un moment pour tout, et un temps pour chaque chose sous le ciel : un temps pour donner la vie, et un temps pour mourir ; un temps pour planter, et un temps pour arracher". (Ecclésiastes 3: 1-2). Effectivement il y a un temps pour tout. On ne peut pas passer tout son temps à prier et à nier les autres choses.

Chapitre V

La supériorité et l'infériorité entre les races humaines

La supériorité est généralement définie comme un état ou une qualité de surpasser en excellence, en qualité ou en importance par rapport à quelque chose d'autre. Cela peut s'appliquer à divers domaines tels que les compétences, les attributs ou les caractéristiques.

L'infériorité est habituellement définie comme un état ou une qualité d'être inférieur en termes d'excellence, de qualité ou d'importance par rapport à quelque chose d'autre. Cela peut se référer à des compétences, des attributs ou des caractéristiques considérées comme moins développés ou moins significatifs.

Pourquoi le blanc est comme supérieur par rapport au noir ? Pourquoi cette hégémonie ? Le blanc a toujours tendance à hausser la tête et le noir à se courber. Le blanc pense qu'il est plus humain que le noir. Dans l'histoire d'Haïti on nous fait savoir quand les espagnols étaient arrivés sur l'ile, il n'y avait pas encore de noir sur le territoire. L'île était habitée par des hommes qu'on appelait indiens. Avec l'arrivée des espagnols, ils se trouvent sous le joug de l'esclavage. Les espagnols les forcent à travailler, à fouiller les mines pour y trouver de l'or et d'autres trésors. Ne pouvant pas se résister sous les pressions des espagnols ils meurent par millier. Pour pérenniser le système esclavagiste, Lascasas un prêtre espagnol suggère d'aller chercher des noirs en Afrique. Car les noirs, à la différence des indiens, sont faits pour être esclaves et les blancs pour les dominer. Et chose dite chose faite les noirs d'Afrique sont faits chercher pour continuer le travail des indiens. Les blancs les maltraitent. Les noirs sont considérés comme des bêtes de somme. Ils travaillent jour et nuit juste parce que c'est leur rôle. Pourquoi cette domination ? Pourquoi cette différence de couleur qui ne fait que créer de la discrimination ? Dieu ne savait-il pas que cela allait se produire ?

En réalité les blancs sont supérieurs. Le Dieu de la bible qui a tout créé les faits supérieurs aux noirs semblerait-il. En termes de productivité les blancs dépassent les noirs. Ils font plus de choses que nous les noirs. Ils sont capables de faire plein de choses extraordinaires. Et nous les noirs nous attendons leur aide. Nous sommes à leur merci. Pendant qu'ils utilisent de grands outils perfectionnés, sophistiqués pour faire leurs travaux nous les noirs nous sommes encore dans l'ère archaïque. Ils nous dominent avec leurs inventions extraordinaires. Nous Les noirs nous ne faisons que consommer. Ils sont de bons producteurs, mais nous de bons consommateurs. Est-ce de notre faute ? Est-ce nous qui sommes paresseux ou notre capacité qui est bornée par rapport à celle des blancs ?

Haïti est un exemple parfait. Nous les haïtiens nous voyons les blancs comme des dieux, des sauveurs. Nous vivons sous leur tutelle. Ce sont eux qui décident à notre place. Et nous avons tendance à nous courber devant eux. Ils progressent mais nous, nous marchons à reculons. Ils ne nous respectent pas. Ils nous humilient. Et ils ont parfaitement raison car nous nous humilions nous-mêmes. Nous ne travaillons pas à nous faire respecter. Peut-être que ça vient vraiment de Dieu. Nous sommes faits pour être dominés. Même dans les films de passion du Christ on nous montre un Jésus qui est nettement différent d'un noir. Jésus est un blanc avec de longs cheveux. Il est beau. Pourquoi Jésus serait-il un blanc et non un noir ? Peut-être parce qu'un noir n'est pas digne d'être Jésus. Ou Juste parce que Jésus est raciste. Les noirs sont faits pour bosser durement, sans relâche. Et que Jésus n'allait pas se sentir à l'aise en étant un noir ? Ou du moins parce qu'on nous a forgé un Jésus. Et puisque les blancs sont supérieurs aux noirs, il est mieux que Jésus soit un blanc. Un beau mec, pas comme les noirs d'Afrique qui sont effrayables. Les petits enfants allaient se cacher plutôt de l'approcher.

Notre couleur noire nous trahit. Le racisme ronge le monde. Même à l'intérieur d'une même ethnie se tasse le racisme. Pourquoi Dieu nous a-t-il donné cette couleur qui nous fait tant souffrir. Partout les noirs subissent le sort de la discrimination. Notre couleur noire est comme notre fardeau. Avec seulement ça nous subissons tant d'injustice. Pourquoi Dieu n'avait pas prévenu cela ? Et pourquoi il ne fait rien pour le freiner ? Sommes-nous vraiment faits pour être dominés ? Ben oui, si Dieu est Dieu il doit pouvoir savoir ce qui va se passer dans l'avenir. Et s'il savait bien que nous allons subir ces injustices, c'est qu'il ne nous aime pas. Et que Notre fin est de charbonner pour les blancs. Il se peut que notre véritable mission soit d'être toujours sous les bottes des blancs. Ils doivent nous exploiter. Dieu est peut-être un blanc. Ce peut-être la raison pour laquelle nous sommes inférieurs par rapport à eux. Les noirs sont éparpillés dans le monde. Ils cherchent une vie meilleure. Mais pourquoi Dieu ne les aide pas à avoir une bonne vie chez eux au lieu de travailler pour enrichir les blancs ?

Si Dieu existe réellement, il est injuste. A certains il donne une couleur blanche a d'autres une couleur noire. Et pourquoi cette différence de couleur ? Pourquoi tout le monde n'était pas soit noir soit blanc ? Ainsi il n'y aurait pas de discrimination. Il n'y aurait plus cette question de différence de couleur qui entraine le racisme. Cette doctrine cancérigène ne cesse de ronger le monde. Et cela s'établit même à l'intérieur d'un même peuple. Avoir une peau claire signifie qu'on est supérieur par rapport à l'autre dont la peau est foncée. Où est-ce que cela va nous conduire ? Quel résultat que ça donne ? C'est la désagrégation, l'humiliation qui en résultent. Et quel que soit là où l'on est on peut toujours passer sous le poids de cette doctrine qui prône la supériorité d'une race vis à vis d'une autre. Malgré les luttes menées par plusieurs citoyens comme Martin Lutherking, Nelson Mandela, contre cette sale doctrine, cela sévit encore. Dirait-on on que cela prend le large de génération en génération. C'est à dire l'éradication de cette maladie chronique parait plus que difficile. Comment se fait-il que Dieu lui-même a fait la différence des races ? Dirait-on les blancs sont les descendants de Dieu et les noirs on ne sait d'où ils viennent. Sommes-nous aussi fils et filles de Dieu ? Avons-nous tous les mêmes privilèges ? Dieu est est-il Dieu de tout le monde, ou fait-il des prédilections ? Pourquoi y a-t-il Des peuples qui progressent, qui mènent une vie humaine et d'autres qui sont stagnés dans la misère, corrompus, qui vivent une vie de merde ? Est-ce parce que ceux qui progressent possèdent la capacité de s'organiser, de développer leur potentiel ? Ou c'est parce que naturellement ceux qui ne progressent pas n'ont pas la faculté de s'organiser ? Des peuples qui dominent d'autres. Des peuples qui exploitent d'autres. De quelle importance ?

On nous dit que les hommes par devant Dieu quels que soient leur pays leur groupe ethnique sont tous égaux. Il n'y pas de supérieur ni d'inférieur. Nous sommes tous fils et filles d'un même père. Mais jouissons-nous les mêmes privilèges ? La réponse est manifeste. C'est non. Certains peuples vivent leur vie de luxe tandis que d'autres pataugent dans la misère. Dans ce cas Dieu est injuste. Ceux qui subissent par exemple les séquelles du racisme, ne sont-ils pas enfants de Dieu ? N'ont-ils pas comme les autres le droit de vivre posément et aisément ? Si devant Dieu nous sommes tous égaux, dans la réalité c'est nettement différent. La question de supériorité et d'infériorité entre les races humaines me cessent de consumer le bien-être humain. Et qu'en dit-on pour la domination des déshérités par les nantis ?

La domination des déshérités par les nantis.

Pierre Bourdieu développe sa conception de la domination dans plusieurs de ses travaux, mais notamment dans "La Distinction : Critique sociale du jugement" (1979). Dans cet ouvrage, il explore comment les différentes formes de capital, y compris le capital culturel, contribuent à la reproduction des inégalités sociales. La domination, selon Bourdieu, ne se limite pas aux aspects économiques, mais s'étend également aux domaines culturels et symboliques, influençant les goûts, les préférences et les jugements qui contribuent à perpétuer les hiérarchies sociales.

Le dictionnaire Larousse définit la domination comme l'action de dominer, de régner en maître, de gouverner. Cela peut également renvoyer à une influence prépondérante exercée par quelque chose ou quelqu'un sur d'autres. La domination peut se manifester dans divers contextes, tels que le pouvoir politique, social, économique ou culturel.

Prenons le cas d'Haïti, notre petit pays à nous. Nous allons aborder la domination sur le plan politique, social et économique.

Sur le plan politique on dit que le peuple haïtien est un peuple souverain. Cela revient à faire comprendre que c'est le peuple haïtien qui possède le pouvoir de donner le pouvoir. Mais ces hommes-là à qui l'on donne le pouvoir qu'est-ce qu'ils font avec ? L'utilisent-ils pour le bien-être du peuple pour le développement du pays ? D'après nos constats la réponse est carrément non. Ces gens-là qui détiennent le pouvoir l'utilisent contre le peuple souverain. Avec ce pouvoir écopé du peuple ils font tout ce qu'ils leur semblent bon au détriment du peuple. Ils ne pensent pas au peuple. Ils cherchent à le dominer au lieu de travailler pour son bonheur. La situation actuelle du pays nous le montre. Un ensemble de politiciens à qui l'on donne le pouvoir prennent le malin plaisir de maltraiter le peuple haïtien. C'est le cafouillis partout. Le peuple se trouve dans l'inconfort. Les politiciens malhonnêtes, non intègres, discrédités dilapident les fonds de l'Etat. Et le peuple lui patauge dans la misère. Ils font tout ce qui dépend de leur pouvoir pour exploiter le peuple. Et le pire la justice en Haïti est en faillite. L'impunité règne partout, elle est en vogue. Personne n'est coupable pendant que toute une nation souffre. Le pouvoir est pour eux leur véritable force de domination. C'est eux qui gouvernent ils ne font que ce qui est en leur avantage. Ils font abus au peuple. Mais où est Dieu dans tout cela ? Se complait-il vraiment dans la misère du peuple haïtien ? Pourquoi ne vient-il pas à notre secours ? Pourquoi il n'a pas conscientisé ces politiciens avides d'argent, de pouvoir ? Ne voit-il pas nos calamités ? Ou du moins ferme-t-il les yeux sur notre minable situation ? La conjoncture du pays fait appel à l'aide. Mais personne ne prête attention à nous, voire Dieu lui-même. La bible prône son existence pourquoi il ne nous montre pas sa présence ?

Nous le peuple haïtien, notre sort est prépondérant. Nous sommes dominés par des avares, par des assoiffés de pouvoir. Malheureusement nous n'avons pas de recours. Nous sommes seul tout désespérés. Peut-on continuer à croire en l'existence de Dieu ? Peut continuer à croire en toutes Les histoires racontées de lui ? Où est-il en ce moment de détresse, de malheur ? Nous en avons marre de ces gens corrompus qui ne font que trainer le pays dans la falaise. Au moins Dieu pourrait leur donner une part de conscience. Ainsi ils feraient leur mea culpa et décideraient de travailler pour le bien-être du pays.

Sur le plan économique le peuple est considéré comme moins que rien. Les riches dominent les plus faibles. Ils leur font faire ce qu'ils veulent. Il y a un vieil adage créole qui dit " lajan fè chen danse". Avec leur argent les riches ont le pouvoir de désagréger le peuple et c'est ce qu'ils font. Ils sèment de la pagaille au milieu du peuple affamé et assoiffé. Ses droits à l'éducation, à la sécurité, à la nourriture sont négligés. Pendant que les nantis vivent dans le luxe s'amusent comme ils en ont envie, le peuple lui ne peut même pas trouver à manger. On dit souvent que Dieu est injuste. Ce postulat parait bien attesté. Pourquoi un certain nombre de gens possèdent tout et d'autres vivent dans la crasse ? Et pourquoi Dieu ne fait pas cas de leur sort ? C'est leur Destin ? Étaient-ils prédestinés à vivre dans cette condition inhumaine ? Pourquoi Dieu accepte-t-il que les plus riches fassent souffrir les plus pauvres ?

Les plus riches dominent et contrôlent tout. On dit que la justice est pour tous mais en Haïti la justice est pour ceux qui sont riches. La raison du plus fort est toujours la meilleure. C'est la loi de la jungle. Le peuple est assoiffé de justice. Mais les riches sont les seuls proprios de la justice. C'est eux qui gouvernent l'Etat. Et on n'y peut rien nous le peuple. Car l'argent peut tout dans ce minable pays. Qui dit argent dit pouvoir. Les riches sont des tout-puissants. En tout cas si Dieu existe lui seul peut nous aider.

Toutefois on n'est pas le détenteur d'une importante somme d'argent on n'a pas de compte en banque on n'est pas dignes de respect. Même à l'intérieur des églises l'argent vient en première position. Certains pasteurs d'églises pour ne pas dire la plupart sont des marchands de bénédiction. Pas d'argent pas de bénédiction. Pendant que les pseudos pasteurs font savoir que l'argent ne fait pas le bonheur et que cela a une portée satanique, eux-mêmes ils s'en remplissent les poches. Ils appauvrissent le peuple, ils les zombifient pour pouvoir exploiter leurs infimes biens. Ceux qui seront sauvés le dernier jour sont ceux qui ont pu payer la dime, qui ont été généreux envers l'Eglise, selon certains pasteurs. Quel désordre !

Sur le plan social pour différencier les gens, on vient avec la hiérarchie sociale. Et le peuple se trouve au dernier échelon. Il est le dominé. Le bas-peuple est la couche sociale la plus dominée, la plus maltraitée. Pourquoi cette différence de position ? A quoi cela sert vraiment. Pourquoi les plus avancés ne donnent pas la main aux faibles ? Au lieu de s'entraider, les plus faibles ont tendance à faire chuter les plus forts et les plus forts ont tendance à éliminer les plus faibles. Haïti est un exemple parfait. Ceux qui sont au haut de l'échelle se battent pour grimper encore plus haut au détriment des plus faibles. C'est le chacun pour soi. Chacun voit son développement personnel et non le développement collectif. Et le résultat, ceux qui sont en haut de la pyramide vont dominer toujours et ceux qui sont au bas de la pyramide seront toujours dominés. Dirait-on que c'est notre essence même de vivre dans la désunion. Semblerait-il que Dieu nous a créés pour vivre ainsi. Et si ce n'est pas le cas pourquoi n'intervient il pas. Attend-il que nous périssions tous sous ses yeux ? Ou du moins nous sommes tous foutus à l'idée qu'il existe un Dieu bon. Peut-être aussi qu'au lieu de Dieu nous pourrions parler de karma. Nous remarquons que ce que l'homme attend de Dieu semble être loin d'arriver. La vie semblerait être plutôt « cause à effet » et non Dieu qui prend des décisions, qui se charge de tout.

Dieu existe-il vraiment ?

Chapitre VI

Le karma ou Dieu ?

Le concept karma provient des traditions religieuses comme l'hindouisme et le bouddhisme. Les philosophes de ces traditions ont des interprétations variées du karma. Selon l'hindouisme, le karma est la loi de cause à effet, où les actions d'une vie influent sur la vie suivante. Les philosophes bouddhistes, quant à eux, considèrent le karma comme un processus de causalité, soulignant la responsabilité individuelle et la possibilité de transcender le cycle de la renaissance par la compréhension et la sagesse.

Le karma est la loi de la cause à effet. C'est à dire les actions posées auront indubitablement des conséquences sur sa vie future. Tout ce qu'on subit de bien ou de mal est la conséquence d'une bonne ou d'une mauvaise action antérieure. Par-dessus le marché nous avons notre libre-arbitre c'est à dire nous pouvons agir comme bon nous semble. Dieu nous laisse libres. Il n'a pas à nous guider le chemin. Nous pouvons faire ce que nous voulons. Par contre la bible nous dit que Dieu nous donne les lois de la morale pour guider notre route. Bien que nous soyons libres de les appliquer ou de les ignorer. Aujourd'hui nous constatons que nous subissons plus de mal que nous vivons le bien. Est-ce le résultat de nos gaffes ou c'est la censure de Dieu vis à vis de nos iniquités ? Dans la bible malgré on dit que l'homme est libre, Dieu se mettait facilement en colère contre ceux qui ne marchent pas selon ses ordres. "Alors l'éternel fit pleuvoir du ciel sur Sodome et Gomorrhe du souffre et du feu." (Genèse 19:28). Dieu a détruit Sodome et Gomorrhe jusqu'à cendre. Sa colère était terrible. Il a éliminé beaucoup de vies humaines. Et nous aujourd'hui sur qui la misère fait main mise, est-ce la colère de Dieu qui est sur nous ? Ou c'est tout à fait les effets de nos actions malhonnêtes que nous sommes en train d'expérimenter. Mais ce qui fait problème c'est que nous nous demandons pourquoi un Dieu bon peut être si cruel ? Pourquoi il ne nous donne pas de préférence une part de conscience qui pourrait nous faire regretter nos mauvaises actions. Est-ce notre cas qui le dépasse et il n'y peut rien autre que nous détruire ?

Dieu existe-il vraiment ?

Nous voulons croire que c'est plutôt le karma. C'est le résultat de nos gaffes que nous sommes en train de vivre. Le karma est automatique. Quel que soit ce que l'on sème de bien ou de mal on le moissonnera à l'avenir. Mais la bible nous présente un Dieu bon, un Dieu dont le cœur déborde d'amour, de pardon. Donc bien que nous soyons pécheurs Dieu devrait être en mesure de nous pardonner, de continuer à nous aimer. Il n'a pas de place pour la haine, le mal. Faire le mal devrait être sa faiblesse. C'est la seule chose qu'un bon Dieu ne puisse faire. Le mal est incompatible à ses qualificatifs. Qui dit bon Dieu dit le bien et qui dit Satan dit le mal. Le mal et le bien s'opposent de la même façon que Dieu et Satan s'opposent. Toutefois Dieu pratique le mal envers les hommes il renie à sa bonté. Et on va attribuer son mal à Satan. Satan est capable du mal. Mais Dieu est capable d'amour, du bien. Alors notre sort aujourd'hui serait de nos perversités.

Et si toutefois c'est la main de Dieu qui modèle nos malheurs, le bon qui est devant Dieu n'aurait pas sa place. Et si nous sommes libres, Dieu aurait violé notre liberté. Être libre c'est pouvoir suivre librement sa propre voix et que les punitions s'il y en a doivent découler de nos gaffes. Nos malheurs doivent résulter de nos mauvaises actions posées. Punir ou faire du mal devrait être le point faible de Dieu.

Conclusion

Nous nous demandons toujours si Dieu est vraiment présent, si son existence est réelle? Le monde est bouleversé et rien n'est fait. Combien de perte en vies humaines qu'on a enregistrée ? Combien de pleure, combien d'enfants qui se trouvent orphelins à cause des guerres, à cause de la mauvaise gestion, de la mauvaise gouvernance d'un pays ? Par exemple Haïti est un modèle parfait de la misère sous toutes ses formes. Le pays devient invivable. Quotidiennement les stations de radio, de télé annoncent des nouvelles à faire grossir la tête. Tant de panique, tant de tristesse dans la voix, dans les yeux du peuple haïtien. Nous sommes en évanescence. Mais personne ne vient à notre aide. Qui pis est, même le Dieu dont la bible nous parle tant ne vient à notre secours. Ou est-il ce Dieu ? Nous abandonne-t-il ou lui aussi il a peur de se faire maltraiter ou tuer. Nous en avons marre. La situation dans laquelle nous nous enfonçons de plus en plus se révèle inhumaine.

Les actions qui se posent en Haïti ne peuvent plus être celles de Dieu. C'est l'œuvre du diable. C'en est assez. Haïti est synonyme de l'enfer et y vivre est presqu'impossible. Pas d'espoir pour les jeunes qui gardent encore la tête haute. Tout un chacun se démène pour aller ailleurs car Haïti notre propre terre natale devient une terre de misère. La vie humaine est devenue comme insignifiante. Les gens armés font ce qu'il leur semble bon. Ils pillent, violent, tuent quand ils le veulent. Ils décident d'éliminer ou de laisser vivre qui ils veulent. Est-ce parce que nous prions qui fait que nous ne périssions pas tous ensemble ? Ou c'est le moment propice qu'ils guettent ? Ou du moins ce n'est qu'une punition de Dieu d'avoir transgressé ses lois ? Est-ce qu'un bon Dieu peut se complaire en notre malheur ? Il se peut bien. Dans l'ancien testament grâce à la bible nous assistons à des scènes odieuses de la part de Dieu. Donc le bon Dieu peut nous punir sévèrement jusqu'à nous éliminer. Tout comme il l'a fait pour Sodome et Gomorrhe. Mais ce qui fait problème c'est que dans le nouveau testament ce même Dieu était devenu un Dieu d'amour un agneau jusqu'à mourir sur une croix pour nous sauver du péché.

En outre il se peut bien aussi que Dieu n'ait pas les mains dans nos malheurs. Ce peut être le karma qui est en vogue. Cela revient à dire que nos tourments d'aujourd'hui pourraient résulter de nos perversités qui ont eu lieu dans le passé. Nous récoltons ce que nous avons pu semer. C'est peut-être la loi de la nature. Et Dieu peut ne pas avoir existé comme la bible nous le présente. Ce peut être l'imagination de ceux qui étaient là avant nous. Il y a le mal et le bien. Il se pourrait qu'ils attribuent le bien à Dieu un être bon et le mal au Satan un être de malheur. Et si nous avons le karma, si nous sommes libres de faire ce que nous voulons, Dieu n'a pas réellement sa place. Nous n'avons qu'à suivre la voix qui semble nous convenir et après nous aurons à récolter ce qui est compatible à la voix choisie. En fait ce qui devrait être d'importance ce n'est pas le fait de prier quotidiennement. Mais c'est le fait de vivre en harmonie l'un avec l'autre. Dieu n'exauce peut-être pas les prières mais c'est la croyance en ce qu'on veut ou en ce que l'on attend qui va faire que l'on trouve la chose demandée. Dieu, s'il existe vraiment devrait connaitre nos joies nos misères, nos peines. Nous n'avons pas besoin de le prier pour qu'ils sachent ce que nous endurons. Et puisque la bible dit qu'il est un Dieu d'amour il ne peut pas résister à courir à notre secours. En outre, même la bible le dit ; prier c'est bon mais il nous incombe de faire le premier pas. C'est à dire on peut passer toute sa vie à prier pour que Dieu puisse venir à son aide, mais si on ne pose pas des actions rien ne va arriver en sa faveur. Par exemple Notre pays Haïti n'est pas à court de prière mais d'action. Nous devons poser des actions au lieu de rester à nous lamenter sur notre sort. Les seules personnes qui puissent nous aider c'est encore nous-mêmes. Soyons actifs. Dieu peut avoir existé pour ceux qui croient en leur potentiel.

Bibliographie

Pierre Bourdieu, La distinction : critique social du jugement, 1979, Edition de Minuit, Paris

Epicure, Lettre à Menécée, 1995, Presses Porket, Athènes

Saint Augustin, La cité de Dieu, 1952, Vrin, Paris

Platon, La république, 1966, GF Flammarion, Paris

Emmanuel Kant, Fondements de la métaphysique des mœurs, 1902, Librairie Felix Alcan, Paris

John Stuart Mill, De la liberté, 1859, Oxford University Press, Londre

Jean Jacques Rousseau, Du contrat social, 1762/2002, Flammarion, Paris

M. Haar, Heidegger et l'essence de l'homme, 1990

F. Wolf, la question de l'homme aujourd'hui, 2014, Cairn info

Blaise Pascal, Les Pensées, 1904, Brunschvicg, Paris

Congres de la société Suisse de bioéthique, l'embryon un homme, 8 et 9novembre 1986,

Baruch Spinoza, Ethique, 1677, Société typographique, Amsterdam

Dictionnaire Larousse

La Bible :

Genèse

Deutéronome

Saint Luc

Saint Jean

54

Table des matières

yes

I want morebooks!

Buy your books fast and straightforward online - at one of world's fastest growing online book stores! Environmentally sound due to Print-on-Demand technologies.

Buy your books online at
www.morebooks.shop

Achetez vos livres en ligne, vite et bien, sur l'une des librairies en ligne les plus performantes au monde!
En protégeant nos ressources et notre environnement grâce à l'impression à la demande.

La librairie en ligne pour acheter plus vite
www.morebooks.shop

Printed by Books on Demand GmbH, Norderstedt / Germany